工商企业管理专业
德汉词语汇编

Die Deutsch-Chinesische Wörtersammlung
zur Betriebswirtschaftslehre

陈 攀 主编

西南交通大学出版社
·成 都·

图书在版编目（CIP）数据

工商企业管理专业德汉词语汇编：德汉双语 / 陈攀主编. —成都：西南交通大学出版社，2021.7
ISBN 978-7-5643-8098-4

Ⅰ. ①工… Ⅱ. ①陈… Ⅲ. ①工商企业–企业管理–德语–词典–德、汉 Ⅳ. ①F276.4-61

中国版本图书馆 CIP 数据核字（2021）第 131263 号

Gongshang Qiye Guanli Zhuanye De-Han Ciyu Huibian
工商企业管理专业德汉词语汇编

陈 攀 主编

责任编辑 　孟 　媛
特邀编辑 　李国亮
封面设计 　曹天擎
出版发行 　西南交通大学出版社
　　　　　（四川省成都市二环路北一段 111 号
　　　　　西南交通大学创新大厦 21 楼）
发行部电话 　028-87600564 　87600533
邮政编码 　610031
网　址 　http://www.xnjdcbs.com
印　刷 　成都蜀通印务有限责任公司
成品尺寸 　130 mm×185 mm
印　张 　7.25
字　数 　157 千
版　次 　2021 年 7 月第 1 版
印　次 　2021 年 7 月第 1 次
书　号 　ISBN 978-7-5643-8098-4
定　价 　39.00 元

图书如有印装质量问题 　本社负责退换
版权所有 　盗版必究 　举报电话：028-87600562

Die Autorin

Pan Chen, geb. 1976 in Chongqing, studierte Betriebswirtschaft an der Chongqing Universität in China sowie der Universität Lüneburg in Deutschland mit dem Abschluss zur Diplom-Kauffrau (FH). Nach mehrjährigen Tätigkeiten unter anderem als Kreditspezialistin bei der Bank of China (Deutschland) sowie als Kreditsachbearbeiterin im Credit Risk Management der Credit Suisse (Deutschland), lebt sie heute in Chongqing und arbeitet als zweisprachige Dozentin im Bereich Betriebswirtschaft für das Chinesisch- Deutsche Studienzentrum des Yitong Instituts der Chongqing Universität sowie als Assistentin für die deutschen Dozenten.

关于作者

陈攀，出生于1976年，毕业于重庆大学和德国吕纳堡大学工商管理专业。曾在德国留学、工作和生活15年，在德国的中国银行总部信贷部及德国的瑞士信贷银行总部风险管理部等金融机构任职多年。现为重庆移通学院中德应用技术学院工商企业管理专业课程的双语教师及德国外教助教。

Über dieses Buch

Die vorliegende Wörtersammlung wurde erstmalig für die Studenten im Fachbereich Betriebswirtschaft als eigenes Wörterbuch angefertigt und wendet sich an die Fachbereiche Betriebswirtschaft, Volkswirtschaft, Finanzdienstleistung, Marketing, Logistik und Rechtusw. Die Erstellung der Sammlung geschah unter Berücksichtigung der Bestandsaufnahme des wichtigen Vokabulars inklusive verschiedener Fachwörter, die in anderen Wörterbüchern in dieser Form nicht aufgelistet sind. Die Quellen für die Wörter setzten sich unter anderem zusammen aus den Fachthemen: Einführung in die Allgemeine Betriebswirtschaftslehre, Allgemeine Wirtschaftslehre für kaufmännische Auszubildende, Grundzüge der Beschaffung, Produktion und Logistik, Grundlagen der Volkswirtschaftslehre sowie Bilanzierung nach Handels- und Steuerrecht und weitere angrenzende Themen. Bei der Wörterauswahl konnte die Autorin auch auf ihr Studium in Deutschland sowie eine mehrjährige Berufserfahrung durch verschiedene Tätigkeiten bei Finanzinstituten in Deutschland zurückgreifen.

关于这本书

这本新的德汉词语汇编，是作者根据工商企业管理专业的学生在本专业学习时所需要运用到的词汇范围编制，特别还包括一些在普通的德语词典里没有的专业词汇。本汇编收录的词汇主要来自两个方面：一是德国原版教材，如 Einführung in die Allgemeine Betriebswirtschaftslehre, Allgemeine Wirtschaftslehre für kaufmännische Auszubildende, Grundzüge der Beschaffung, Produktion und Logistik, Grundlagen der Volkswirtschaftslehre, Bilanzierung nach Handels-und Steuerrecht 等；二是笔者留学德国，以及之后在德国多家金融机构实习、工作期间所经常运用和积累的词汇，涉及专业方向包括：工商企业管理、国民经济学、金融、市场营销、物流以及和经济有关的法律如商法、税法、物权法等。

Vorwort

Seit 2015 übe ich meine Lehrtätigkeit an dem Chinesisch-Deutschen Studienzentrum des Yitong Instituts der Universität Chongqing aus. Während dieser Zeit und angesichts der zunehmenden Anzahl von Studentinnen und Studenten, die im Rahmen des Auslandskooperationsprogramms in Sino ins Ausland gehen und mir von ihren Erfahrungen berichten, wurden mir die Schwierigkeiten bewußt, mit denen sie sich bei der Vorbereitung auf ein Auslandsstudium konfrontiert sehen. Ich musste feststellen, das insbesondere in zweisprachigen Kursen immer noch ein allgemeiner Mangel an fachlichem deutschem Vokabular herrscht.

So kam mir nach und nach die Idee, eine praktische Hilfestellung für die Studierenden zu entwickeln wenn sie nach Deutschland für ein betriebswirtschaftliches Studium oder Studienkolleg gehen oder sich an einer deutschen Universität zur Aufnahme eines entsprechenden Studiums einschreiben wollen.

Genau dafür ist es hilfreich, eine Deutsch-Chinesische Wörtersammlung mit den wesentlichen Fachbegriffen aus der Betriebswirtschaftslehre zu haben. Angetrieben von dieser Idee, schrieb ich dieses Taschenwörterbuch.

Ich werde dieses Werk kontinuierlich aktualisieren und verbessern. Für Anregungen und Verbesserungsvorschläge bin ich daher sehr dankbar.

Chongqing, im Januar 2021

Pan Chen

前言

自 2015 年在重庆邮电大学移通学院（现为重庆移通学院）中德应用技术学院执教以来，面对学院中外合作办学项目中日益增多的出国学生，我深知他们在准备出国的学习过程中所面临的困难，特别是在双语专业课程学习中，普遍存在专业性德语词汇缺乏的情况。于是，在头脑里逐渐形成一个想法：针对即将赴德国进行工商管理或者工商企业管理预科学习以及已经进入德国高校开始进行相关专业学习的学生，要是能有一本工商企业管理专业的德汉词语汇编，肯定能对他们有所帮助。在此想法驱动下，执笔写成这本袖珍词典。

限于编者水平和时间关系,还在不断地收录和改进完善中,如有不妥之处,恳请读者批评指正。

陈　攀

2021 年 1 月

说 明

1. Die Stichwörter sind alphabetisch geordnet.
2. Nach dem Stichwörter erscheint die Genusangabe(der, die, das), dann der Strich ersetzt das Stichwort, und schließlich die Pluralform.
3. „Sg."bedeutet. „Singular".
4. „Pl."bedeutet „Plural".
5. „i. d. R." bedeutet „in der Regel".
6. „ nor." bedeutet „normalerweise".
7. „ od." bedeutet „oder".

1. 单词是按照字母顺序排列。
2. 在单词后注明了名词的性（der, die, das），然后用短线代表单词，接着是该单词的复数形式。
3. "Sg."表示单数。
4. "Pl."表示复数。
5. "i. d. R."表示"按惯例"。
6. "nor."表示"一般来说，常用于"。
7. "od."表示"或者"。

目 录

A ······················ 001

B ······················ 020

C ······················ 036

D ······················ 037

E ······················ 043

F ······················ 055

G ······················ 064

H ······················ 079

I ······················ 085

J ······················ 091

K ······················ 092

L ······················ 106

M ······················ 114

N ······················ 125

O ······················ 131

P ······················ 134

Q ······················ 146

R ······················ 147

S ······················ 155

T ······················ 172

U ······················ 177

V ······················ 185

W ······················ 201

X ······················ 209

Y ······················ 210

Z ······················ 211

A

Abbau	der -; nur Sg.	减少，分解，拆卸
Abbestellung	die -; Pl.die -en	取消预订
Abbildung	die -; Pl.die -en	插图，临摹
Abfertigung	die -; Pl. die -	服务，托运处
Abfindung	die -; Pl. die -en	补偿，补偿费
Abfolge	die -; Pl. die -en	顺序，次序，系列
Abgabe	die -, nur Sg.; oder Pl. die -n	税，交出，费率，缴款
Abgabenquote	die -; Pl. die -n	税率，收费率
Abgang	der -, nur Sg.; oder Pl. die Abgänge	销路
Abgrenzen		划清界限，划定界线，定界，标界
Abgeordnete	der -/die-; Pl. die -n	议会议员，大会代表，代表
abhängig		依赖于，取决于
Abhängigkeit	die -; Pl. die -en	依赖性，独立性
abkaufen		买下来

A

abkommen	协议，协定
Abkömmling　der -; Pl. die -e	后人，后裔
ablaufen	到期，期满，进行
Ablaufplanung　die -; Pl. die -en	运行计划，流程计划
Ablehnung　die -; Pl. die -en	拒绝
Ablieferung　die -; Pl. die -en	交付，交纳
Ablösungsrecht　das -; Pl. die -e	消除权
Abluft　die -; nur Sg.	废气
Abmessung　die -; Pl. die -en	尺寸，大小
Abnahme　die -; Pl. die -n	购买，减少，减弱
abnehmen	验收，取下，卸除
Abnutzung　die -; Pl. die -en	消耗，损耗
abrechnen	清算，结算，算账，交割，报销
Abrechnungsperiode　die -; Pl. die -en	结算期
Abruf　der -; Pl. die -e	提款，召回，交货指示
Abs. = Absatz　der -; Pl. die -e	（文章）章节，段落，销路
Absatzformen　die -	销售形式
Absatzförderung　die -; Pl. die -en	鼓励销售
Absatzgebiet　das -; Pl. die -e	销售区域，销售地区
Absatzpreis　der -; Pl. die -e	销售价格
Absatzmenge　die -; Pl. die -n	销售数量，销量

Absatzmarkt	der -; Pl. die Absatzmärkte	销售市场
Absatzmittler	der -/die -in; Pl. die Absatzmittler	销售中介，销售中间商
Absatzrückgang	der -	销售回落
Absatzweg	der -; Pl. die -e	销售渠道，营销渠道
abschaffen		废除，废止，取消，取缔
abschätzen		估计，评估，评定
Abschlag	der -; Pl. die Abschläge	折价，贴现
abschliessen		签订，订立，成交，结束
Abschluss	der -; Pl. die Abschlüsse	结束，终结，订立，缔结
Abschlussposten	der -; Pl. die -	财务报表的项目
abschöpfen		撇去，撇开（剩下净的）
Abschreibung	die -; Pl. die -en	折旧
Abschreibungskosten	nur Pl. die -	折旧费
Abschreibungsquote	die -; Pl. die -n	折旧额，折旧率
abschwächen		减轻，减弱
Abschwung	der -; Pl. die Abschwünge	衰退，萧条
absenken		降低，降下
Absicherung	die -; Pl. die -en	担保，提供保障
absolut		绝对

A

Abspaltung die -; Pl. die -en	分离，分裂
Abstammung die -; Pl. die -en	来源，出身，家世
Abstand der -; Pl. die Abstände	距离，间距
Abteilung die -; Pl. die -en	部门
Abtretung die -; Pl. die -en	让与，割让
Abtretungserklärung die -; Pl. die -en	转让声明
Abverkauf der -; Pl. die Abverkäufe	清仓出售，甩卖
Abwanderung die -; Pl. die -en	迁移，转移
abwägen	权衡，考虑，思考
Abweichung die -; Pl. die -en	偏离，误差
Abwertung die -; Pl. die -en	贬值
Abwicklung die -; Pl. die -en	清算，进行
Abwicklungstag der -; Pl. die -e	结算日，清算日，交割日
abzinsen	贴现
Abzug der -; Pl. die Abzüge	减去，扣除
Abzugskapital das -; Pl. i. d. R. die -ien	扣除资本
addieren	加，相加
administrativ	行政的
Affekt der -; Pl. die -e	冲动
AG = Aktiengesellschaft die -; Pl. die –en	

A

股份制公司

AKA = Ausfuhrkreditgesellschaft　　die -; hier nur Sg.

出口信贷银行

Akademiker/in　　der-/die -; Pl. die -/die-

知识分子，读书人，受过高等教育的人

Akkordlohn　　der -; Pl. die Akkordlöhne　　计件工资

akkreditiert　　　　　　　　　　　　被公开认可的

Akquisition　　die -; Pl. die-e　　购买，获得，取得

Akteur/in　　der -/die -; Pl. die-e/die -nen

活动者，一份子

Aktie　　die -; Pl. die Aktien　　　　股票

Aktienanteil　　der -; Pl. die -e　　　　股份

Aktienfonds　　der -; Pl. die -　　　股票型基金

Aktiengesetz　　das -; hier nur Sg.　　股票法

Aktienindex　　der -; Pl. die Aktienindizes/die Aktienindexe

股票指数

Aktienmarkt　　der -; Pl. die Aktienmärkte　　股票市场

Aktionär/in　　der -/die -; Pl. die -e/die -nen

股东，持有股票的人

Aktionärsrecht　　das -　　　　　　股权

Aktiva　　die -　　　　　　　　贷方，资产

Aktivkonto　　das -; Pl. die Aktivkonten　　资产账户

A

allerdings	当然，的确，诚然，尽管，不过
Allianz die -; Pl. die -en	联盟，同盟，北大西洋公约组织
Allokation die -; Pl. die -en	分配，配给
Alternative die -; Pl. die -n	可能，选择
Alternativkosten kein Sg.; nur Pl. die -	机会成本
Amtsgericht das -; Pl. die -e	地方法院
Analyse die -; Pl. die -n	分析，剖析
Analyst/in der -/die -; Pl. die -en/die -nen	分析师，金融分析师
Anbieter der -/die -; Pl. die -	供应商，提供者，供应者
Anbindung die -; Pl. die -en	连接，纽带
Anderskosten kein Sg.; nur Pl. die -	非周期性而有规律地分配到所有记账阶段里和在购买原材料时申报的较高的费用
Änderung die -; Pl. die -en	改变，变化
anderweitig	另外的，其他的
Aneignung die -; Pl. die -en	占为己有
Anerkennung die -; Pl. die -en	认可，肯定，认同
Anfall der -; Pl. die Anfälle	产生，发作
anfallen	产生，发生

Anfangsbestand der -; Pl. die Anfangsbestände	开始的存量，最开始的库存
Anfechtungsklage nur die -	上诉
Anfrage die -; Pl. die -n	请求，质问
Angabe die -; Pl. die -n	说明，陈述
Angebot das -; Pl. die -e	供应，提供，建议
Angebotslenkung die -; Pl. die -en	对供应量的调控
Angebotsannahme die -	接受报价
Angebotskurve die -; Pl. die -n	供给曲线
Angebotsmenge die -; Pl. die -n	供应量
Angebotsmonopol das -; Pl. die -e	卖方垄断
Angebotspreis der -; Pl. die -e	供给价格，投标价格
Angebotssumme die -; Pl. die -n	投标总价
Angebotsunterlagen nur Pl. die -	投标书
Angelegenheit die -; Pl. die -en	事情，事物
angelsächsisch	盎格鲁-撒克逊的
Angemessenheit die -; Pl. die -en	适当性
Angestellte der -/die -; Pl. die -n	职员，白领
Anhang der -; Pl. die Anhänge	附录，附件
anheben	提升，提高，提起
Ankauf der -; Pl. die Ankäufe	购买
Ankaufskurs der -; Pl. die -e	购买时的汇率

A

ankündigen	宣布，声明
Anlageberater/in der -/die -; Pl. die -/die -en	投资顾问
Anlageempfehlung die -; Pl. die -en	投资建议
Anlageentscheidung die -; Pl. die -en	投资决策
Anlagen die -; Pl. die -n	设备，装置
Anlageertrag der -; Pl. die Anlageerträge	投资收益
Anlagevermögen das -; Pl. die -	固定资产
Anlass der -; Pl. die Anlässe	缘故，机会，时机，缘由
Anleger/in der -/die -; Pl. die Anleger	投资者
Anleihe die -; Pl. die -n	公债，债券
Anlieferung die -; Pl. die -en	货到，送货
Anmeldung die -; Pl. die -en	登记，登录，申报
Annahme die -; Pl. die -n	接受，采纳，收发
Annahmeverzug nor. der -	延缓受领
Annuität die -; Pl. die -en	年金，每年应付的息金
anonym	匿名的，不署名的
Anordnung die -; Pl. die -en	指令，安排，规定，排列
Anrechnung die -; Pl. die -en	计算，评价
Ansammlung die -; Pl. die -en	集聚，一群，丛

Ansatz	der -; Pl. die Ansätze	估价，迹象
Anschaffung	die -; Pl. die -en	购买，购置
Anschaffungskosten	nur Sg. die -	购置设备的费用（包括佣金，纳税等）
Anschaffungskredit	der -; Pl. die -e	购买信用
Anschaffungskurs	der -; Pl. die -e	购买价格
Anschafftungspreis	der -; Pl. die -e	购买价格
Anschaffungsvorschlag	der - ; Pl. die Anschaffungsvorschläge	购买建议
Anschaffungswert	der -; Pl. die -e	购买价值
ansetzen		投入，使用，估算，估计，确定
ansiedeln		使定居，安居，安家
ansparen		存起来
Ansparrücklage	die -; Pl. die -n	税前盈利留成
Anspruch	der -; Pl. die Ansprüche	权利，要求权，条件，要求
Anstand	nur Sg. der -	礼仪，习俗
Anstieg	der -; Pl. die -e	上升，攀升，涨幅
anstreben		争取达到，力求，谋取
Ansteuerung	die -; Pl. die -en	控制
Anteil	der -; Pl. die -e	份额，部分
Anteilseigner/in	der -/die -; Pl. die Anteilseigner	

	股东
antizipieren	预料，预知
Antragsfrist die -; Pl. die -en	申请截止期限
Antragsprüfung die -; Pl. die -en	对申请的审查
Antragsschrift die -; Pl. die -en	书面申请
Antragsteller/in der -/die -; Pl. die -/die -nen	申请人
antreffen	碰到
antreiben	驱动，推动
anwachsen	高涨，增加，增多
Anweisung die -; Pl. die -en	指示，指南，批示，汇票
Anwendung die -; Pl. die -en	使用，应用，用途
Anwendungsbereich der -; Pl. die -e	运用范围，用途
Anzahl die -	数量，数目
Anzahlung die -; Pl. die -en	首付款，预付款
Anzeigepflicht die -; Pl. die -en	检举义务
AO = Abgabenordnung die -; Pl. die -en	捐税法
aperiodisch	非周期的
Arbeitgeber/in der -/die -; Pl. die -/die -nen	

资方，雇佣者

Arbeitgeberverband   der -; Pl. die Arbeitgeberverbände

雇主联合会，雇主协会

Arbeitnehmer/in   der -/die -; Pl. die -/die -nen

职工，被雇佣者

Arbeitsangebot   das -; Pl. die -e   劳动供给

Arbeitsaufgabe   die -; Pl. die -n   工作任务

Arbeitsentgelt   das -; Pl. die -e

报酬，待遇，劳动报酬

Arbeitsgang   der -; Pl. die Arbeitsgänge

工序，工作过程，工作进程

Arbeitskosten   nur Pl. die -

劳动成本，劳务费，人工费用

Arbeitskraft   die -; Pl. die Arbeitskräfte

人力，劳动力，人手

Arbeitsleistung   die -; Pl. die -en   工作量，工作业绩

Arbeitslohn   der -; Pl. die Arbeitslöhne   工资，工钱

arbeitslos   失业

Arbeitslosenverischerung   die -   失业保险

Arbeitslosenzahlen   Pl. die -   失业人数

Arbeitslosengeld   das -; Pl. die -er   失业金

Arbeitsmarkt	der -; Pl. die Arbeitsmärkte	就业市场，劳动市场
Arbeitsplatz	der -; Pl. die Arbeitsplätze	工作岗位，工作场所
Arbeitsqualität	die -; Pl. die -en	工作质量
Arbeitsschwerigkeit	die -; Pl. die -en	工作难度
Arbeitstelle	die -; Pl. die -n	工作单位，工作地点
Arbeitsstunde	die -; Pl. die -n	工时
Arbeitssystem	das -; Pl. die -e	工作系统
Arbeitsteam	das -; Pl. die -s	工作团体
Arbeitswert	der -; Pl. die -e	劳动价值
Arbeitszeit	die -; Pl. die -en	工作时间
Architekt/in	der -/die -; Pl. die -en/die -nen	建筑师
Arglist	nur Sg. die -	恶意
arithmetisch		算术的
Armutsgrenze	die -; Pl. die -n	贫困线
Art	die -; Pl. die -en	种类，品种，方式
Artikel	der -; Pl. die -	商品，货物，文章，物品
Artikelbezeichnung	die -	品名
Arzneimittelgesetz	das -; Pl. die -e	药品管理法，药物管理法

Assoziation die -; Pl. die -en	联合,组合,联合会
assoziieren	联合
Attraktivität die -; kein Pl.	吸引力
Attachement das -	附件
AUD. = Australische Dollar	澳大利亚元
auditieren	稽核
Aufbau nor. der -	建立,格局,结构,体制
aufbereiten	加工,净化
aufbringen	筹措,筹集,弄到
Aufgebot das -; Pl. die -e	公告
Aufhebung die -; Pl. die -en	废除
Aufhebungsrecht nor. das -	废除法
aufklären	阐明,解释,澄清,查明
aufkommen	支付
Auflassung die -; Pl. die -en	不动产转让
Auflösung die -; Pl. die -en	解除,解散,解体
Aufmerksamkeit die -; Pl. die -en	兴致,注意力
aufnehmen	接受,采纳,领会,记录
Aufrechnung die -; Pl. die -en	抵消
Aufrechterhaltung nor. die -	保持,维持
Aufschlag der -; Pl. die Aufschläge	加价

aufschlüsseln	把某事分类
Aufschub　der -; Pl. die Aufschübe	宽限，延期
Aufschwung　der -; Pl. die Aufschwünge	高涨，繁荣，景气
Aufspaltung　die -; Pl. die -en	分化
aufstellen	设立，建立，排列，布置
aufsummieren	累计，合计
auftauchen	出现，显现，浮出
aufbrauchen	耗尽，消耗，用尽
Aufteilung　die -; Pl. die -en	分配，分成，分割
Auftrag　der -; Pl. die Aufträge	订货，订单，任务
Auftraggeber/in　der -/die -; Pl. die -/ die -nen	买主，委托人，订货人
Auftragsannahme　die -; Pl. die -en	接受订单
Auftragsnummer　die -; Pl. die -n	订单号
Auftragsproduktion　die -; Pl. die -en	订单产品，委托生产的产品
auftreten	发生，出现
Aufwand　der -; Pl. die Aufwände	花费，耗费，花销
Aufwandsarten　Pl. die -	费用种类
Aufwandsentschädigung　die -; Pl. die -en	

	补贴，费用补偿
aufwärts	向上地，往上地
Aufwendung die -; Pl. die -en	花费，开销
aufzeichnen	记录，记下
Aufzählung die -; Pl. die -en	计数
Auktion die -; Pl. die -en	拍卖，拍卖会
Ausbau der -; Pl. die -ten	扩大，改建，拆除
Ausbesserung die -; Pl. die -en	修补
Ausdehnung die -; Pl. die -en	扩展，延伸，膨胀
Auseinandersetzung die -; Pl. die -en	分析，争论，研究，解释，辩论
Ausfall der -; Pl. die Ausfälle	故障，亏缺
Ausfuhr die -; Pl. die -en	出口，输出
Ausgabe die -; Pl. die -n	支出，开支，发行
ausgehen	出发，着手
ausgiebig	尽量地
Ausgleich der -; Pl. die -e	补偿，抵消
Ausgleichsanspruch der -; Pl. die Ausgleichsansprüche	补偿要求权
Ausgliederung die -; Pl. die -en	排除在外
Aushändigung die -; kein Pl.	移交，交付

Auskunft die -; Pl. die Auskünfte	报告，问讯处
Auskunftspflicht die -; Pl. die -en	报告义务，答复义务
Auslagerung die -; Pl. die -en	从仓库里运出，出仓
Ausland das -; kein Pl.	国外
Auslandsverschuldung die -; Pl. die -en	外债
Auslaufrabatt der -; Pl. die -e	对旧产品进行的打折活动
Auslegung die -; Pl. die -en	解释，诠释
Auslieferung die -; Pl. die -en	配送
auslösen	赎回，赎买，激活
Ausnahme die -; Pl. die -n	例外
ausnutzen	利用，抓紧
ausprägen	铸造，显示出来，清楚地表明
ausrechnen	计算出来
Ausrüstung die -; Pl. die -en	设备，配备
Aussage die -; Pl. die -n	阐述，论述
Aussagewert der -; Pl. die -e	预测值
ausscheiden	排除，淘汰，出局
Ausschlagung die -; Pl. die -en	继承人放弃继承
ausschließen	排除，排斥

Ausschluss der -; Pl. die Ausschlüsse	开除，排斥，除名
Ausschlussfrist die -; Pl. die -en	除斥期限
ausschöpfen	耗尽，损失掉，用尽
Ausschreibung die -; Pl. die -en	招标书，招标，启事
Ausschuss der -; Pl. die Ausschüsse	委员会
Aussonderung die -; Pl. die -en	分开
ausspähen	打听
ausstatten	配备，具备
Ausstellung die -; Pl. die -en	展览，展会
Ausstellungsraum der -; Pl. die Ausstellungsräume	陈列室，展厅
Ausschnitt der -; Pl. die -e	部分，片段
Ausschüttung die -; Pl. die -en	分派，分配
Ausstattung die -; Pl. die -en	设备，配备，装备
Ausstoß der -; Pl. die Ausstöße	产量，产出，排出物，排放
Außendienst der -; Pl. die -e	外勤服务
Außendienstmitarbeiter/in der -/die -; Pl. die -/ die -nen	外勤服务人员

Außendienstkoordination die -; Pl. die -en	在外协调，在外配合
Außenhandel der -; kein Pl.	外贸，对外贸易，国际贸易
Außenwirtschaft die -; Pl. die -en	对外经济
außerordentlich	异常的
außerordentliche Aufwendungen	额外费用
austauschen	交换，兑换
Austauschverhältnis das -; Pl. die -se	交换比例，交换关系
Austritt der -; Pl. die -e	退出
Auswahl die -; Pl. die -en	选择，挑选
Auswahlkriterium das -; Pl. die Auswahlkrien	选择标准
Auswahlmöglichkeit die -; Pl. die -en	选择的可能性
ausweisen	证明，证实，表明
Auswertung die -; Pl. die -en	评估，评定
auswirken	发生作用，产生影响，有效果
Auswirkung die -; Pl. die -en	效果，影响，后果，作用
auszahlen	支付，付出，付款，付给，付清

Auszubildende　　der -/die -; Pl. die Auszubildenden

　　　　　　　　　　　　　　　　学徒，培训生

Auszug　　der -; Pl. die Auszüge　　流水清单，结单

Autoindustrie　　die -; Pl. die -n　　汽车工业

Automat　　der -; Pl. die -en　　自动售货机，自动装置

automatisch　　　　　　　　　　自动的

Automatisierungsgrad　　der -; Pl die -e　　自动化程度

Automobilindustrie　　die -; Pl. die -n　　汽车工业

Autonomie　　die -; Pl. die -n　　自治，自主，自主权

B

BAföG = Bundesausbildungsförderungsgesetz 《德国联邦教育促进法》

Ballungsraum　der -; Pl. die Ballungsräume 人口稠密地区，城市群

Bank　die -; Pl. die -en 银行

Bankensektor　der -; Pl. die Bankensektoren 银行业，银行部门

Bankenverband　der -; Pl. die Bankenverbände 银行协会，银行联合会

Bankguthaben　das -; Pl die - 银行结余，银行存款

Bankhaus　das -; Pl. die Bankhäuser 银行

Bankier　der -; Pl. die Bankiers 银行家

Bankindossament　das -; Pl die -e 银行背书

Bankkredit　der -; Pl. die -e 银行贷款

Banknote　die -; Pl. die -en 纸币，钞票

Bankwesen　das -; kein Pl. 银行业

Barauszahlung die -; Pl. die -en	现金支付
Bargeld das -; kein Pl.	现金
bargeldlos	非现金的
Bargeldumlauf der -; Pl. die Bargeldumläufe	现金周转，现金流通
Barrierefreiheit die -	无障碍
Barverkauf der -; Pl. die Barverkäufe	现金出售
Barverlust der -; Pl. die -e	现金损失
Basiszinssatz der -; Pl. die Basiszinssätze	基本利率，基础利率
Baugewerbe das -; Pl. die -	建筑业
Baugruppe die -; Pl. die -n	部件组，组件
Baumarkt der -; Pl. die Baumärkte	建材市场
Bausparkasse die -; Pl. die -n	建房储蓄银行
Bausparkredit der -; Pl. die -e	住房储蓄贷款
beachten	注意，重视，顾及
Beamtenpension die -	公务员的退休金
Beauftragte der -/ die -; Pl. die -n	代理人，代表，专员
Bedarf der -; Pl. die -e	需求，需要
Bedarfsdeckung die -; Pl. die -en	满足需求

Bedarfsdeckungsprinzip das -; Pl. die -ien	满足需求的原则
Bedarfsplanung die -; Pl. die -en	需求计划
Bedarfsprognose die -; Pl. die -n	对需求的预测
Bedarfsstruktur die -; Pl. die -en	需求结构
Bedienungsgeld das -; Pl. die -er	小费
bedingt	有限制的，有条件的，有保留的
Bedingung die -; Pl. die -en	条件，条款，原因
Bedingungssatz der -; Pl. die Bedingungssätze	条件句
bedürfen	需要
Bedürfnis das -; Pl. die -se	需求，需要
Beendigung die -; Pl. die -en	结束，终结
Beerdigung die -; Pl. die -en	安葬，丧葬
Beerdigungskosten kein Sg. Pl. die -	丧葬费
Befragung die -; Pl. die -en	问卷调查，审问，查问
befreien	摆脱，免除，豁免
Befreiung die -; Pl. die -en	免除，豁免
Befreiungsanspruch der -; Pl. die Befreiungsansprüche	免责要求权
Befriedigung die -; Pl. die -en	满意

befristen		规定期限，限期
Beförderung	die -; Pl. die -en	提升，运输
Beförderungsmittel	das -; Pl. die -	运输工具，传送工具
Befugnis	die -; Pl. die -se	权限，权利，许可
Begrenzung	die -; Pl. die -en	限制，限度，界限
Begünstigte	der -/die -; Pl. die -n	受益人
Behandlung	die -; Pl. die -en	处理，对待，待遇
Behälter	der -; Pl. die -	容器，器皿
Behausung	die -; Pl. die -en	住房，住宅
Behörde	die -; Pl. die -n	机关，政府部门，官方，局
Behördenmitarbeiter/in	der -/die -; Pl. die -/die -nen	机关工作人员，政府部门工作人员
beilegen		附加，加入，解决
Beistand	der -; Pl. die Beistände	谋士，辅佐
Beitrag	der -; Pl. die Beiträge	缴费，会费，贡献
Beitragssatz	der -; Pl. die Beitragssätze	费率
Beitragszahler/in	der -/die -; Pl. die -/die -nen	缴费者，付款者
Bekanntmachung	die -; Pl. die -en	

B

	公布，公告，通知
beklagen	埋怨，诉苦，抱怨
Bekleidungsmarkt　der -; Pl. die Bekleidungsmärkte	
	服装市场
beladen	装货，装上
belassen	保留，留下
Belastung　die -; Pl. die -en	
	负债，负担，负荷，负载
belaufen	合计，总计为
Belegschaft　die -; Pl. die -en	
	全体员工，全体工作人员
bemerkbar	可以觉察到，引人注意
benachbart	邻近的
Benachrichtigung　die -; Pl. die -en	通知
benachteiligt	受歧视的
Beobachtung　die -; Pl. die -en	观察
beraten	咨询，参谋，商量，劝导
Beratung　die -; Pl. die -en	顾问，咨询，商讨
Berechnung　die -; Pl. die -en	计算，估计
Berechtigte　der -/ die -; Pl. die -n	有权利者
Bereicherung　die -; Pl. die -en	丰富

bereinigen	清理，清偿
bereitstellen	供给，供应，提供
Bericht der -; Pl. die -e	报告，报道，记录
Berichtigung die -; Pl. die -en	改正，校正，勘正
Berichtigungsaktie die -; Pl. die -n	红股
Berichtsjahr das -; Pl. die -e	报告年度
Berufseinsteiger der -	刚进入职业生涯的人
Berufserfahrung die -	职业经验，工作经验
Berufsfeld das -; Pl. die -er	职业领域
Berufsleben das - ; kein Pl.	职业生涯，职业生活
Beschädigung die -; Pl. die -en	损害，损伤
Beschäftigung die -; Pl. die -en	职业，活动，就业，工作
Beschäftigungsgrad der -; die -e	就业率
beschäftigungslos	失业的，无所事事的
Beschäftigungspolitik die -; Pl. die -en	就业政策
Beschaffung die -; Pl. die -en	筹措，购买，搞到
Beschaffungsanforderung die -; Pl. die -en	采购要求，采购资格
Beschaffungsweg der -; Pl. die -e	筹措渠道，获得方式

Beseitigung die -; Pl. die -en	排除，清除
Beständigkeit die -; Pl. die -en	耐久性，恒心
Bestellhäufigkeit die -; Pl. die -en	订货的经常性，订单频率
Bestellkosten nur Pl. die -	订单费用
Bestellmenge die -; Pl. die -n	订单数量
Beteiligung die -; Pl. die -en	合股，入股，加入，参与
Betriebsnotwendiges Vermögen	企业保持运行所必须的资产
bereinigtes Eigenkapital	调整后的自有资本
Bereitstellung die -; Pl. die -en	供给，供应，提供，供货
Beruhen	根据，以……为依据，以……为基础，建立基础
berücksichtigen	考虑
Beschaffenheit die -; Pl. die -en	性质，素质，状
Beschaffung die -; Pl. die -en	获得，搞到，筹措，购置
Beschaffungslogistik die -; kein Pl.	采购物流
Beschäftigte der -/ die -; Pl. die -n	员工，雇员

Beschäftigtenzahl	die -; Pl. die -en	职工人数
Bescheinigung	die -; Pl. die -en	证书,证明,凭证
Beschluss	der -; Pl. die Beschlüsse	决议,裁定
Beschlussfassung	die -; Pl. die -en	决议,判决,裁决
Besitz	der -; kein Pl.	占有
Besitzdiener/in	der -/die -; Pl. die Besitzdiener	占有辅助人
besitzen		具有,占有,拥有,享有
Besitzentziehung	die -	剥夺占有
Besitzer/in	der -/die -; Pl. die -/ die -nen	所有者,物主,业主
Besitzkonstitut	das -; Pl. die -e	占有改订
Besitzrecht	das -; Pl. die -e	财产法,占有权
Bestand	der -; Pl. die Bestände	存货,存量
Bestandkonto	das -; Pl. die Bestandkonten/die Bestandkontos	存货账户,库存账户
Bestandsanalyse	die -; Pl. die -n	存量分析
Bestandsliste	die -; Pl. die -n	存货清册
Bestandsmanagement	das -; Pl. die -s	存量管理
Bestandsvermehrung	die -; Pl. die -en	存量增加额

Beständebilanz die -; Pl. die -en	库存结余
Bestellung die -; Pl. die -en	订购，订单，预订
Bestellungsannahme die -	接受订货
Besteuerung die -; Pl. die -en	征税
bestimmen	确定，决定
bestimmt	确定的，一定的，肯定的，确切的
bestrafen	处罚，惩罚，处分
Bestreben das -; kein Pl.	情愿，志愿，企图
bestücken	装备
Betankung die -; Pl. die -en	加油
beteiligen	参与，参加，加入
Beteiligungsfinanzierung die -; Pl. die -en	股权融资
Beteiligungsverhältnis das -; Pl. die -se	持股比率，所有权分配
Betonung die -; Pl. die -en	强调，着重
Betrachtung die -; Pl. die -en	观察，研究，打量
Betrag der -; Pl. die Beträge	金额，款项，数额
betreffen	涉及，有关，关系到
Betreiber/in der -/die -; Pl. die -/die -nen	操纵者，运营者
Betreiberfirma die -; Pl. die Betrieberfirmen	

运营公司

| Betrieb | der -; Pl. die -e | 企业，运行，活动，运转 |

betrieblich 企业的
Betriebsführung die - 企业管理，企业经营
Betriebsgewerkschaft die -; Pl. die -en 企业工会
Betriebskosten kein Sg. die -; 运营成本
Betriebsleitung die -; Pl. die -en
　　企业管理者，企业领导
Betriebsmittel Pl. die - 设备，生产资料
Betriebsorganisation die - 企业组织
Betriebsstandort der - 企业所在地，营业地点
Betriebsstatistik die -; Pl. die -en 企业统计
Betriebssystem das -; Pl. die -e 操作系统
Betriebsvermögen das -; Pl. die -
　　企业资产，经营性资产
Betriebsvermögensvergleich der -; Pl. die -e
　　企业资产对照，经营性资产相比较
Betriebswirtschaft die -; Pl. die -en
　　企业管理，企业经济
Betriebswirtschaftslehre die -
　　企业管理经济学，企业经济学，企业管理学

Beurkundung die -; Pl. die -en	证明
Beutel der -; Pl. die -	包装袋，口袋
Bevölkerungsdichte die -	人口稠密度
Bevölkerungswachstum das -; Pl. die Bevölkerungswachstümer	人口增长
bewegen	移动，推动，搬动
Beweislast die -; Pl. die -en	举证负担，举证责任，证明的义务
Bewertung die -; Pl. die -en	评价，鉴定，评分
Bewertungskriterien nor. Pl. die -	评价标准，评价原则
bewirtschaften	经营
bezahlen	付款，付钱，缴纳，付出
Bezahlung die -; Pl. die -en	待遇，偿还，支出
bezeichnen	标明，标注，表示，说明，描述，看作
Bezugnahme die -; Pl. die -n	参照，参考
Bezugsrecht das -; Pl. die -e	认购权
BDE = Betriebsdatenerfassung die -; Pl. die -en	企业数据汇总
BDI = Bundesverband der Deutschen Industrie	德国工业联合会

BfA = die Bundesanstalt für Arbeit　　德国联邦劳工部
BGB = Das Bürgerliche Gesetzbuch　　　民法典
Bilanz　　die -; Pl. die -en
　　　　　　资产负债表，收支平衡表，结算
Bilanzgleichung　　die -　　资产负债表的平衡方程
Bilanzierung　　die -; Pl. die -en　　　决算
Bildung　　die -; Pl. die -en
　　　　　　组成，建立，产生，修养，教育
Billigung　　die -; Pl. die -en　　　　批准，赞同
Binnenhandel　　der -; kein Pl.　　　　国内贸易
Binnenmarkt　　der -; Pl. die Binnenmärkte
　　　　　　国内市场，本国市场，本土市场
Binnenwährung　　die -; Pl. die -en　　本国货币，本币
BIP = Bruttoinlandsprodukt　　　　国内生产总值
blanko　　　　　　　　　　　　　　　空白地
BMZ = das Bundesministerium für wirtschaftliche Zusammenarbeit und Entwicklung
　　　　　　　　　　　　德国经济合作与发展部
BNE = Bruttonationaleinkommen　　das -
　　　　　　　　　　　　　　　　　　国民总收入
Bodenrente　　die -; Pl. die -n　　　　　地租

B

Bond der -; Pl. die -s	债券
Bonität die -; Pl. die -en	资信,偿付能力,信贷能力
Bonus der -; Pl. die -	奖金,红利
Bonusprogramm das -	奖励计划,优惠计划
Boom der -; Pl. die -s	景气,繁荣,兴旺
Börse die -; Pl. die -n	证券交易所,交易所
Börsengang der -; Pl. die Börsengänge	开始公开交易
Börsengesetz das -; Pl. die -e	交易所法
Börsenkurs der -; Pl. die -e	行情,交易所行情
börsennotiert	上市的
Börsenpreis der -; Pl. die -e	交易价格
Branchenzugehörigkeit die -; Pl. die -en	行业归属
Brandrisiko das -; Pl. die Bandrisiken	火灾风险
Break-Even-Point	损益两平点
Bretton-Woods-System	布雷顿森林体系
Bruchschadenverischerung die -	破损险
Bruchstrich der -; Pl. die -e	(商业计算中的)分数线
Bruchteil der -; Pl. die -e	

（商业计算中的）分数，小部分

Brutto - Cash- Flow 总现金流

Bruttogewinn der - 毛利润，税前利润

Bruttoinlandsprodukt das -; Pl. die -e 国内生产总值

Bruttojahresgehalt das -; Pl. die Bruttojahresgehälter

税前年收入

Bruttosozialprodukt das -

社会总产值，国民生产总值

buchen 记入，登记，预订

Buchforderung die -; Pl. die -en 账面债权，应收账款

Buchführung die -; Pl. die -en 簿记，会计

Buchgeld das -; Pl. die -er 记账货币

buchhalterisch 会计的，账面的

Buchhaltung die -; Pl. die -en

簿记，财务处，会计部门

Buchungssatz der -; Pl. die Buchungssätze 会计记录

Buchwert der -; Pl. die -e 账面价值

Budget das -; Pl. die -s 预算，预算案

Budgetdefizit das -; Pl. die -e 预算赤字

Bürge/Bürgin der -/ die -; Pl. die -n/die -nen

担保人，保证人

Bürger/in　　der -/die -; Pl. die -/die -nen

公民，国民，市民

Bürgermeister/in　　der -/die -; Pl. die -/die -nen

市长，镇长，区长，乡长

Bürgschaft　　die -; Pl. die -en　　担保，保证金，保证
Bürgschaftsversprechen　　das -; Pl. die -　　担保许诺
Bürgschaftsvertrag　　der -; Pl. die Bürgschaftsverträge

担保合同

bürokratisch　　　　　　　　　　官僚主义的
Bundesagentur für Arbeit　　　　联邦劳动局
Bundesamt　　nor. das -　　　　联邦局
Bundesgebiet　　das -; Pl. die -e　　联邦区域
Bundesgesundheitsamt　　nor. das -

德国联邦卫生局

Bundesland　　das -; Pl. die Bundesländer　　州，联邦州
Bundesministerium　　das -; Pl. die Bundesministerien 联邦政府部门

Bundesministerium der Finanzen　　德国财政部
Bundesministerium für Landwirtschaft　　德国农业部
Bundesregierung　　die -; Pl. die -en　　联邦政府
Bundesverfassung　　die -; Pl. die -en　　联邦宪法

Bundesversammlung	die -; Pl. die -en	联邦大会
Bundeswirtschaftsministerium	das -; Pl. die Bundeswirtschaftsministerien	联邦经济部
BZSt = Bundeszentralamt für Steuer		德国联邦中央税务局

C

Cash	das -; kein Pl.	现金,现款,现金支付
Cashflow	der -; kein Pl.	现金流
Cash- Flow	der -; kein Pl.	现金流
Cent	der -; Pl. die -s oder die -	(美元的分币)美分,(欧元的分币)欧分
Charakter	der -; Pl. die -e	特征,特性,性质,质地
Chargenmindestmenge	die -; Pl. die -n	最少批量
Chargenproduktion	die -; Pl. die -en	批量产品
Checkliste	die -; Pl. die -n	清单,检查单,核对单
CHF = Schweizer Franken		瑞士法郎
Chief Executive Officer	der -	首席执行官
Commerzbank	die -	商业银行
Container	der -; Pl. die -	集装箱
Controlling	das -; kein Pl.	控制学,控制

D

Darlehen das -; Pl. die - 借款，贷款
Darlehensvertrag der -; Pl. die Darlehensverträge
　　　　贷款合同，贷款协议，借贷合同
Darlehenszins der -; Pl. die -en
　　　　贷款利率，贷款利息
Darlehenszinssatz der - 贷款利率
das Gesetz des abnehmenden Grenznutzens
　　　　边际效用递减法则
darstellen 描述，表达，体现，叙述
Datenbank die -; Pl. die -en 数据库，资料库
Datenschutz der -; kein Pl. 数据保护
Datenschutzbeauftragte der -/die -; Pl. die -n
　　　　数据保护员
Datenschutzbestimmung die -; Pl. die -en
　　　　数据保护条例
Datenträger der -; Pl. die - 数据载体，数据介值
Datenveränderung die -; Pl. die -en

	数据变更，数据改变
dauerhaft	连续的，持续的，长久的
dauern	持续，延续，持久不变
Dauerschuldverhältnis das -; Pl. die -se	继续性债务关系
DAX = Deutscher Aktienindex	德国股票指数
decken	覆盖，抵偿
Deckung die -; Pl. die -en	抵偿，满足
Deckungsbeitrag der -; Pl. die Deckungsbeiträge	边际贡献
Deckungsklausel die -; Pl. die -n	覆盖范围条款
Debitkarte die -; Pl. die -n	借记卡
Debitor/in der -/die -; Pl. die -/die -nen	债务人
Defizit das -; Pl. die -e	赤字，亏空
Deflation die -; Pl. die -en	通货紧缩
Digitalisierung die -; Pl. die -en	数码化
degressiv	递减
degressive Abschreibung	递减折旧法
deliktisch	侵权行为的
demokratisch	民主的
Depositen nur Pl. die -	存款
Depositenbank nor. die -	储蓄银行

D

Depositengelder nur Pl. die -	存款
Depositenkonto nor. das -	存款账户
Depositenschein der -; Pl. die -e	存单

Depositenzertifikat das -; Pl. die -e
存款证明，存款证书

Depression die -; Pl. die -en	萧条，不景气
Deregulierung die -; Pl. -en	放松管制，取消法规
Design das -; Pl. die -s	设计，花样，图案
Deutsche Bank die -	德意志银行
Devisen nur Pl. die -	外币，外汇
Devisenmarkt der -; Pl. die Devisenmärkte	外汇市场

Devisenkassamarkt der -; Pl. die Devisenkassamärkte
即期外汇市场

Deutsche Bundesbank die -	德意志联邦银行
dezentral	局部的，分散的，非集中的
Dezimal	（计算中的）十进制

DFü = Datenfernübertragung die -; Pl. die -en
远程数据传播，传导远程数据

| dienen | 服务，有利于，有益于，当作，用作 |
| Dienstbarkeit die -; Pl. die -en | 缓和 |

Dienstleister/in der -/die -; Pl. die Dienstleister
提供服务者，服务供给者

D

Dienstleistung　die -; Pl. die -en
　　　　　　　第三产业，服务性工作，效劳，帮助
Dienstleistungsangebot　das -; Pl. die -e　　劳务供给
Dienstleistungskosten　die -　　服务费用，劳务费
Dienstleistungsbilanz　die -; Pl. die -en
　　　　　　　　　　　　劳务收支平衡表
Dienstleistungssektor　der -; Pl. die -en
　　　　　　　　　　　　服务领域，服务产业
Dienstvertrag　der -; Pl. die Dienstverträge　任用合同
DIN = Deutsche Industrienorm　die -
　　　　　　　　　　　　德国工业标准
Ding　das -; Pl. die -e
　　　　　　　　物体，事物，东西，物件，物品
direkte Steuer　　　　　　　　　　直接税
Disagio　das -; Pl. die Disagien/die Disagios　折扣
Discounter　der -; Pl. die -　　　　廉价超市
Diskont　der - oder der Diskonto; Pl. die Diskonte
　　　　　　　　　　　　贴现，贴息，现率
Disposition　die -; Pl. die -en　　　布局，支配
dispositiv　　　　　　　　　　　　任意的
Dissonanz　die -; Pl. die -en　　不和谐，不一致
Distribution　die -; Pl. die -en　　　分配，分布

diversifizieren	多样化
Diversifikation die -; Pl. die -en	多样化
dividieren	（计算中的）除以，除
Division die -; Pl. die -en	除法
DKK = Dänische Krone die -; Pl. die -n	丹麦克朗
DM = Deutsche Mark die -	德国马克（在使用欧元之前的德国货币单位）
Dokumentationsfunktion die -; Pl. die -en	记录作用，汇编作用，文献提供的作用
dominieren	占优势，占支配地位，占主导地位
Doppelehe die -	重婚
Dow-Jones-Index der -; Pl. die Dow-Jones-Indizes/-Indexe	道琼斯指数
Dreisatz der -; Pl. die Dreisätze	（商业计算中的）比例法
Dresdner Bank die -	德累斯顿银行
Dringlichkeit die -; Pl. -en	紧迫性
Dritte der - oder die -; Pl. die -n	第三方，第三者
Duldung die -; Pl. die -en	容忍
Dumping das -; Pl. die -s	出口倾销
durcharbeiten	持续工作，仔细研究
durchbrechen	突破，冲破，打破

durchführen	实行，实施，贯彻执行
durchgängig	通通的，全部的
Durchlaufzeit die -; Pl. die -en	运作时间，生产时间
Durchschnitt der -; Pl. die -e	平均数，平均，平均值
durchschnittlich	平均的
Durchschnittsgehalt der -; Pl. die -e	平均工资
Durchschnittskosten nur Pl. die -	平均成本
Durchschnittsrechnen nur Sg. das -	（商业计算方法中的）求平均数的计算
durchsetzen	贯彻，执行
Dynamik die -; Pl. die -en	动态，动力

E

Eckdaten Pl. die -	标准值
Edelmetall das -; Pl. die -e	贵金属
Effekt der -; Pl. die -e	影响，效应，作用，效果
Effekten Pl. die -	证券，有价证券
Effektivlohn der -; Pl. die Effektivlöhe	实际工资
Effektivverzinsung die -; Pl. die -en	实际利率
effizient	有效率的
Effizienz die -; Pl. die -en	效益，效果，功效
EFTA = Europäische Freihandelsassoziation	欧洲自由贸易联合会
Ehegatten Pl. die -	夫妻，夫妇
ehemalig	以前的，从前的
Ehemündigkeit die -; Pl. die -en	法定婚龄
Eheschließung die -; Pl. die -en	结婚
Ehevertrag der -; Pl. die Eheverträge	婚前协议
eidesstattlich	代替宣誓的
Eigenart die -; Pl. die -en	特性，本性

Eigenbesitz der -; kein Pl.	自己占有
Eigenfertigung die -; Pl. die -en	自制，自行加工
Eigenheim das -; Pl. die -e	私人住宅
Eigeninitiative die -; Pl. die -n	主动
Eigenkapital das -; Pl. die -ien	自有资本，自有资金
Eigenkapitalrentabilität die -; kein Pl.	自有资本所带来的利润
Eigenlager das -; Pl. die -	自有仓库
Eigenmacht die -; Pl. die Eigenmächte	自主
Eigentum das -; Pl. die -e	财产，财物，所有权
Eigentumserwerb der -	财产取得，所有权取得
Eigentumsrecht das -; Pl. die -e	产权
Eigentumsvermutung die -; Pl. die -en	所有权推定
Eigentumsvorbehalt der -; Pl. die -e	所有权保留
Eigentumsübergang der -; Pl. die Eigentumsübergänge	所有权转移，财产转移
Eigentumsübertragung die -; Pl. die -en	所有权转移
Eigentümer/in der -/die -; Pl. die -/-nen	所有人，占有者，物主
einbeziehen	使包含在内，使计算在内，使加入
Einblick der -; Pl. die -e	洞察力
Einbruchrisiko das -; Pl. die Einbruchrisiken	

入室抢劫风险

Einbuße die -; Pl. die -n	亏，亏损，丧失
eindeutig	明显的，明确的
Einfluss der -; Pl. die Einflüsse	影响，影响力
Einführung die -; Pl. die -en	引言，导论，介绍，引子
Eingang der -; Pl. die Eingänge	入口，收到
eingespielt	磨合很好的
Einhaltung die -; Pl. die -en	遵守，保持
Einheit die -; Pl. die -en	（计算中的）单位，团结，统一
Einheitsbilanz die -; Pl. die -en	统一的资产负债表
Einholung die -; Pl. die -en	征询
Einigung die -; Pl. die -en	取得一致
Einkauf der -; Pl. die Einkäufe	购货，购物
Einkaufszentrum das -; Pl. die Einkaufszentren	购物中心，综合购物广场
Einkommen das -; Pl. die -	收入，所得
Einkommensteuer die -; Pl. die -n	所得税
Einkommensverteilung die -; Pl. die -en	收入分配
Einkommensumverteilung die -; Pl. die -en	收入再分配

Einkünfte Pl. die -	收入，收益，所得
Einlage die -; Pl. die -n	存款
Einlagerung die -; Pl. die -en	存储，存放入
Einleiten das -; kein Pl.	引入
einlösen	兑现，兑付，兑款
Einnahme die -; Pl. die -n	收入
einräumen	让与，承让，整理
Einordnung die -; Pl. die -en	整理归类
Einprodukt-Produktion die -; Pl. die -en	单一产品生产
Einrede die -; Pl. die -n	抗辩
Einrichtung die -; Pl. die -en	设备，安置，装备
Einschätzung die -; Pl. die -en	评价，看法
Einschränkung die -; Pl. die -en	限制，限定，保留
einsehen	认识，查阅
einsetzen	投入，使用，放入，动用
Einsparung die -; Pl. die -en	节约
Einstandspreis der -; Pl. die -e	进货价格
Einstiegsgehalt der -; Pl. die -e	刚开始工作时的工资，刚进入某个行业时的工资
Einstufung die -; Pl. die -en	分级
einteilen	分类，划分，安排

Einteilung	die -; Pl. die -en	分类，划分，安排
Eintragung	die -; Pl. die -en	登记，注册，账目
eintreiben		索回
Eintritt	der -; Pl. die -e	入场，进入
Einwendung	die -; Pl. die -en	异议，抗辩
Einwilligung	die -; Pl. die -en	允许，同意
Einzelfertigung	die -; Pl. die -en	单件生产
Einzelhandel	der -; kein Pl.	零售业，零售贸易
Einzelhandelsgeschäft	das -; Pl. die -e	零售商店
Einzelhandelspreis	der -; Pl. die -e	零售价格
Einzelhändler/in	der -/die -; Pl. die -/die -nen	零售商，个体户
Einzelkosten	kein Sg. Pl. die -	个别费用，单个费用
Einzelperson	die -; Pl. die -en	个人，单身
Einzelstück	das -; Pl. die -e	单个，单件
Einzelunternehmen	das -; Pl. die -	个体企业
Einzelunternehmung	die -; Pl. die -en	个体企业
Einzelwirtschaft	die -; Pl. die -en	个体经济
einzigartig		独特的，别致的
Elektrizität	die -; kein Pl.	电，电能，电气
Elektronisches Konto		电子账户

E

Element　das -; Pl. die -e　因素，基本特征，元素
eliminieren　排除，清除
Elite　die -; Pl. die -n　精英，优秀者
Emission　die -; Pl. die -en　发行，公募
Emittent/in　der -/die -; Pl. die Emittenten
　发行人，发行者，发行企业
empfehlenswert　值得推荐的，可取的
Empfindung　die -; Pl. die -en　感觉，感想，感动
Endbestand　der -; Pl. die Endbestände　最终存量
endgültig　最后的，最终的
Endprodukt　das -; Pl. die -e
　成品，最终产物，最终产品
Endverbraucher/in　der -/die -; Pl. die -/die -nen
　最终消费者
Engpass　der -; Pl. die Engpässe
　短缺，缺少，紧张，隘口
entgegengesetzt　对立的，反向的
Entgegennahme　die -; kein Pl.　接受，接纳
Entgelt　das -; Pl. die -e　工资，报酬
Entladen　das -; kein Pl.　卸料，卸货
entlohnen　发工资
Entnahme　die -; Pl. die -n　提取，取出

entnehmen	取款
entrichten	缴付，交纳
entscheidend	决定性的，关键的
Entschluss der -; Pl. die Entschlüsse	决心，决定
Entsorgung die -; Pl. die -en	废物处理，废物管理
Entsorgungslogistik die -; kein Pl.	废物管理的物流
entsprechen	符合，相当于，相符
entstehen	形成，出现
Entwicklung die -; Pl. die -en	发展
Entwicklungshilfe die -	发展援助
Entwicklungsland das -; Pl. die Entwicklungsländer	发展中国家
Entwicklungstrend der -; Pl. die -s	发展趋势
Entwicklungsziel das -; Pl. die -e	发展目标，发展宗旨
Entziehung die -; Pl. die -en	剥夺，没收，戒除
Equity nor. die Private Equity	股权
Erbe das -; kein Pl.	遗产，遗嘱继承人
Erbe/Erbin der -/die -; Pl. die -n/die -nen	遗嘱继承人，继承
Erbeinsetzung die -; Pl. die -en	指定继承
Erben die -	后代

E

Erbengemeinschaft die -; Pl. die -en	共同继承人
Erbenhaftung die -; Pl. die -en	继承人责任
Erbschaft die -; Pl. die -en	遗产，继承
Erbschaftsbesitzer/in der -/die -; Pl. die Erbschaftsbesitzer	遗产拥有者
Erdölindustrie die -; Pl. die -n	石油工业
Erfahrung die -; Pl. die -en	经验，经历
Erfassung die -; Pl. die -en	感知
erfolgen	产生，发生，举行
Erfolgskonto das -; Pl. die Erfolgskonten od. die Erfolgskontos	损益表，损益账户
Erfolgsrechnung die -; Pl. die -en	损益表
erfordern	须要
erfüllen	满足
Erfüllungsgeschäft das -	履行行为
Erfüllungsübernahme die -; Pl. die -n	履行承担
Erhaltung die -; Pl. die -en	保存，保留，保持，维护
erheben	起来，抬高，提高
erheblich	客观的
erhöhen	提高，增加，增多，增长
Erlass der -; Pl. die -e	

	免除，豁免，取消，公告，发布
erleiden	遭受，忍受，遭到
Erlös der -; Pl. die -e	收益，进款
Ermächtigung die -; Pl. die -en	授权
Ermäßigung die -; Pl. die -en	优惠，折扣
Ermessen das -; kein Pl.	估计，判断
Ernstfall der -; Pl. die Ernstfälle	紧急情况，突发事件
erregen	使兴奋，使激动，激发，引起
Erscheinung die -; Pl. die -en	形象，现象，表象
Erscheinungsform die -	表现的形式，体现的形式
erschöpfen	消耗，用尽
Erschließung die -; Pl. die -en	开发，开垦
Ermittlung die -; Pl. die -en	调查，查明，弄清
eröffnen	开设，开办，开幕
Eröffnungsbilanz die -; Pl. die –en	起初的资产负债表
erschweren	加重，妨碍
ersetzen	替代，替换
Ersitzung die -; Pl. die -en	非法占有，违法占有
Ersparnis die -; nor. Pl. die -se	储蓄，积蓄
erproben	检验，考验

E

erstellen	制成，完成，建造
erstrecken	延长，伸展
Ertrag　der -; Pl. die Erträge	收入，收益，收成，产量
Ertragsaussicht　die -; Pl. die -en	收益前景，收益展望
Ertragslage　die -; Pl. die -n	收益情况
Ertragsminderung　die -; Pl. die -en	产量减少
erwarten	估计，预料，预期，等待，期许
erweitert	扩展的，延长的
erwerben	采购，购置，得到，买到
Erwerbstätigkeit　die -; Pl. die -en	职业，工作
erwirtschaften	获得，生成
Erzeugnis　das -; Pl. die -se	产品，成品，制品
erzielen	达到，取得
EStG = Einkommensteuergesetz　das -; Pl. die -e	所得税法
ESVG = Europäische System Volkswirtschaftlicher Gesamtrechnungen	欧洲国民经济体系整体核算
etablieren	建立，开设，创办
Etatdefizit　das -; Pl. die -e	财政赤字
Etikettiergerät　das -	贴标机

etikettieren	贴标
EuGH = Europäische Gerichtshof der -	欧洲法院
Euro der -; Pl. die -s	欧元
Europalette die -; Pl. die -n	欧标托盘，欧标卡板
Europaparlament das -; Pl. die -e	欧洲议会
Euroraum der -; kein Pl.	欧元区
Existenz die -; Pl. die -en	生存，存在
Existenzgründer/in der -/die -; Pl. die Existenzgründer	创业者
expandieren	扩大，膨胀，扩展
Experte/Expertin der Experte/die Expertin; Pl. die -n/die–nen	专家，行家，专业人士
Expertengruppe die -; Pl. die -n	专家队伍
Expertenkommission die -; Pl. die -en	智囊团，智库
Expertenmeinung die -; Pl. die -en	专家建议
Expertenteam das -; Pl. die -s	专家团队
Export der -; Pl. die -e	出口
Exportförderung die -; Pl. die -en	鼓励出口，提倡出口
Exportkredit der -; Pl. die -e	出口信贷
Existenzbedarf der -; Pl. die -e	生存需求

Existenzsicherung	die -; Pl. die -en	生存安全
extern	外部的，外面的，对外的，公开的，外来的	
EWR = Europäische Wirtschaftsraum		欧洲经济区
EWU = Europäische Währungsunion		欧洲货币联盟
EWWU = Europäische Wirtschafts- und Währungsunion		欧洲经济与货币联盟
EZB = Europäische Zentral Bank		欧洲中央银行

F

Fabrikgebäude	das -; Pl. die -	厂房
Facharbeiter/in	der -/die -; Pl. die -/die -nen	技术工人，工匠
Fachgeschäft	das -; Pl. die -e	专卖店，专业店
Fachzeitschrift	die -	专业杂志，专业期刊
Facilitymanagement	das -; Pl. die -s	物业设施管理
Factoring	das -; kein Pl.	贷款保收
fahrlässig		过失，轻率，粗心
Fahrzeugbau	der -	车辆制造
Fakt	der -; Pl. die -en	事实
Faktor	der -; Pl. die -en	因子，因素，要素，原因
Faktorkosten	kein Sg. nur Pl. die -	生产要素成本
Fälligkeit	die -; Pl. die -en	截止日期
fälschlicherweise		错误地
Familienangehörige	der -/die -; Pl. die -en/die -en	家属，亲属
Familienbetrieb	der -	家族企业

Familiengericht	das -; Pl. die -e	家庭法庭
Familienmitglied	das -; Pl. die -er	家庭成员
Familientradition	die -; Pl. die -en	家族传统
Familienunterhalt	der -; Pl. die -e	家计，家用
Familienversicherung	die -; Pl. die -en	家庭保险
Fass	das -; Pl. die Fässe	桶，缸
Fazilität	die -; Pl. die -en	资金便利
F & E = Forschung und Entwicklung		研究与发展
Fehlbetrag	der -; Pl. die Fehlbeträge	亏空额
Fehlentscheidung	die -; Pl. die -en	错误决策，错误决定
Fehlerhaftigkeit	die -; Pl. die -en	有错误，有缺陷，有毛病
Fernabsatzvertrag	der -; Pl. die Fernabsatzverträge	远程销售合同
fertige Erzeugnisse		成品
Fertigkeit	die -; Pl. die -en	技术，技能，能力
Fertigung	die -; Pl. die -en	成品化，制造，生产
Fertigungsinsel	die -; Pl. die -n	生产岛
Fertigungskosten	kein Sg.; nur Pl. die -	生产费用，制造费用
Fertigungslohn	der -; Pl. die Fertigungslöhne	

生产工人的工资

Fertigungsmaterial　das -; Pl. die -ien
生产材料，生产的原材料

Fertigungsstätte　die -; Pl. die -n　　制造厂房

Fertigungstiefe　die -; Pl. die -n
成品化程度，深入生产

Fertigungstyp　der -; Pl. die -en
生产种类，制造种类

Fertigungsverfahren　das -
生产方式，加工方法

Festgeld　das -; Pl. die -er　　定期存款

festlegen　　确定，规定

festschreiben　　确定

feststellen　　确定，证实

Festverzinsung　die -; Pl. die -en　　固定利息

Feuerschaden　der -; Pl. die Feuerschäden
由于火灾造成的损失

Feuerversicherung　die -; Pl. die -en
火险，火灾保险

FFS = Flexible Fertigungssystem
由自动化系统对投入的原材料进行加工控制

FIBU = Finanzbuchhaltung　　金融会计

Fiktion	die -; Pl. die -en	假定，虚构，捏造
Filiale	die -; Pl. die -n	分支机构，分店，分行，支行
Filialleiter/in	der -/die -; Pl. die -/die -nen	银行行长，分店负责人
Finanz	die -	金融
Finanzamt	das -; Pl. die Finanzämter	财政局
Finanzanlagen	die -; Pl. die -n	金融资产
Finanzbedarf	der -; Pl. die -e	资金需求，财政需求
Finanzdienstleistung	die -; Pl. die -en	金融服务
Finanzexperte/Finanzexpertin	der -/die -; Pl. die -n/die -nen	金融专家
Finanzfrage	die -; Pl. die -n	财政问题
Finanzgeschäft	das -; Pl. die -e	金融业务
Finanzhoheit	die -; Pl. die -en	国际财政主权
Finanzierung	die -; Pl. die -en	筹措资金，供给资金，贷款，融资
Finanzierungsdefizit	das -; Pl. die -e	财政赤字
Finanzierungshilfe	die -; Pl. die -n	财政援助
Finanzierungslücke	die -; Pl. die -n	资金缺口
Finanzinstitut	das -; Pl. die -e	金融机构
Finanzmarkt	der -; Pl. die Finanzmärkte	金融市场

Finanzmarktanalyse	die -; Pl. die -n	金融市场分析
Finanzmittel	kein Sg.; nur Pl. die -	资金
Finanzpolitik	die -; Pl. die -en	财政金融政策
Finanzverwaltung	die -; Pl. die -en	财政管理，财政机构
Finanzwelt	die -; Pl. die -en	金融界，财政界
Finder/in	der -/die -; Pl. die Finder	拾物者
Finderlohn	der -; Pl. die Finderlöhne	拾物者的报酬金
Firmenkunden	die -	公司客户
Firmenkundenberater/in	der -/die -; Pl. die -/die -nen	公司客户顾问
Firmensitz	der -; Pl. die -e	公司总部
Fischmarkt	der -; Pl. die Fischmärkte	鱼市
fiskalisch		财政的
Fiskalpolitik	die -; kein Pl.	国家财政政策
Fiskus	der -; Pl. die -se	国家资产，财政局，金库，国库，财政机构
fixe Kosten		不变成本
Fixierung	die -; Pl. die -en	固定
Fixkosten	kein Sg. nur Pl. die -	固定费用，不变成本，固定成本

flexible	灵活的，弹性的，可变的
Fließband das -; Pl. die Fließbänder	流水线，流水作业线
Fließbandfertigung die -; Pl. die -en	传送带流水作业
Fließfertigung die -; Pl. die -en	流水线生产
Flugzeug das -; Pl. die -e	飞机
Flussdiagramm das -; Pl. die -e	流程图
Folgejahr das -; Pl. die -e	紧接着的年，下一年，下几年
Fokussierung die -; Pl. die -en	对焦，焦点
Fokussierungswandel der -; Pl. die -	焦点转换
Fonds der -; Pl. die -	债券，基金
Fondsmanager/in der -/die -	基金经理
Fondsvolumen das -; Pl. die - oder die Fondsvolumina	基金规模
Forderung die -; Pl. die -en	应收账款，应付款项
Forderungsabtretung die -; Pl. die -en	债权让与
Forderungsrecht das -	债权
Forderungsübergang der -	债权转移
fördern	提倡，赞助，支持，促成
Förderprogramm das -; Pl. die -e	支持程序

Formel	die -; Pl. die -n	方程式，公式
formlos		非要式的，没有形式的，无形的
Forschungsinstitut	das -; Pl. die -e	研究所，研究机构
Forschungs-und Entwicklungskosten	kein Sg. nur Pl. die -	研发费用
Forstwirt	der -	林业
Fortbewegung	die -; Pl. die -en	位置移动
fortführen		继承，沿用，继续
Fortgang	der -; kein Pl.	离去
Forscher/in	der -/die -; Pl. die -/die -nen	研究者，调研者
Fortschritt	der -; Pl. die -e	进步，进度，进展
Fortsetzung	die -; Pl. die -en	延续部分，续篇
Fracht	die -; Pl. die -en	货物，运费
Frachtkosten	kein Sg. nur Pl. die -	运费，货物运费
Frachtservice	der -	货运服务
Frachtwesen	das -; kein Pl.	运输业，货运业务
Franchising	das -; kein Pl.	特许经营
Freibetrag	der -; Pl. die Freibeträge	免税额
Fremdkapital	das -; Pl. die Fremdkapitalien oder die Fremdkapitale	外来资本

Fremdkapitalzinsen nur Pl. die -	外来资本所带来的利息
Fremdlagerung die -; Pl. die -en	第三方仓库，外用仓库
Fremdwährung die -; Pl. die -en	外币
Freiheitsrechte nur Pl. die -	自由权利
freisetzen	放出，释放，散发
Freiverkehr der -; kein Pl.	场外证券市场
freiwillig	自愿的，志愿的
Frist die -; Pl. die -en	期限，日期
fristlos	没有期限的
Fristsetzung die -; Pl. die -en	期限确定
Fristverlängerung die -; Pl. die -en	宽限，延期
Fuhrpark der -; Pl. die -s	车辆，车队
Führungskraft die -; Pl. die Führungskräfte	企业领导层，高层领导
Fund der -; Pl. die -e	找到的物品，发现的物品
Fundament das -; Pl. die -e	基础，根基
Fundort der -; Pl. die -e	发掘地，发现地
fungible	可替代的
Funktionalität die -; Pl. die -en	功能性
funktionsfähig	可使用的，有作用的

Fusion　die -; Pl. die -en	合并，联合
Fusionskontrolle　die -; Pl. die -n	企业合并审查
Fürsorge　die -; kein Pl.	关怀，救济
FWB = Frankfurter Wertpapierbörse	法兰克福有价证券交易所

G

Gabelstapler der -; Pl. die -	臂叉车，叉车，堆高机
gängig	惯用的，通用的，流行的
Garantie die -; Pl. die -n	担保，保障，保证
Garantiefonds der -; Pl. die -	保证金
Gasindustrie die -; Pl. die -n	燃气工业
Gastgewerbe das -; Pl. die -	酒店业
Gaststättengewerbe das -; Pl. die -	餐饮业，饭店业
Gastwirt der -	饭馆老板
Gastwirtschaft die -; Pl. die -en	小客栈，饭馆
Gattungsschuld die -; Pl. die -en	种类债
Gebäude das -; Pl. die -	建筑物，大楼，房屋
Gebietskartell das -; Pl. die -e	区域性卡特尔
Gebietskörperschaft die -; Pl. die -en	区域性团体
Gebrauch der -; Pl. die Gebräuche	

利用，应用，惯用

Gebrauchsgüter　die -

消耗品，小商品，生活消费品

Geborgenheit　die -; Pl. die -en　　　　安全感
Gebühren　die -; Pl. die -en　　　　　　费用
Gefährdung　die -; Pl. die -en　　　危害性，危险
Gegenleistung　die -; Pl. die -en　　　回报，报答
Gegensatz　der -; Pl. die Gegensätze

对立，矛盾，反差

Gegenstand　der -; Pl. die Gegenstände

物品，物件，东西

Gegenstück　das -; Pl. die Gegenstücke

对应物，配对物，对立物

Gegenüberstellung　die -; Pl. die -en

对立，对比，对照

gegenwärtig　　　　目前的，现在的，当代的
Gehalt　das -; Pl. die Gehälter

工资，待遇，薪水，含量

Gehaltsabrechnung　die -; Pl. die -en　　工资结算
Gehaltserhöhung　die -; Pl. die -en

提高工资待遇，涨薪水

Gehaltsspanne die -; Pl. die -n	工资幅度
Geheimhaltungspflicht die -; Pl. die -en	保密义务
Gehilfe/Gehilfin der -/die -; Pl. die -n/die -nen	代理
Geld das -; Pl. die -er	货币，钱，金钱
Geldanlage die -; Pl. die -n	现金投资
Geldanleger/in der -/die -; Pl. die Geldanleger	投资者
Geldeinheit die -; Pl. die -en	货币单位
Geldforderung die -; Pl. die -en	货币债权
Geldinstitut das -; Pl. die -e	银行，金融机构
Geldkurs der -; Pl. die -e	货币兑换率
Geldmenge die -; Pl. die -n	货币量
Geldpolitik die -; kein Pl.	货币政策
Geldschein der -; Pl. die -e	纸币
Geldstrafe die -; Pl. die -n	罚款
Geldumlauf der -; Pl. die Geldumläufe	货币流通
Geldvermögen das -; Pl. die -	货币资产，金融资产
Geldvermögenswert der -; Pl. die -e	货币资产价值，金融资产价值
Geldwäsche die -; Pl. die -n	洗钱
Geldwert der -; Pl. die -e	币值，货币价值

Geldwirtschaft die -; Pl. die -en	金融经济
Geldzahlung die -; Pl. die -en	现金付款
Geldzins der -; Pl. die -en	利率，利息
Geldzufluss der -; Pl. die Geldzuflüsse	资金流入
gelten	关系到，决定，相当，起作用
Geltendmachung die -; kein Pl.	强制执行
Geltungsbereich der -; Pl. die -e	适用范围
Gemeinkosten kein Sg.; nur Pl. die -	一般费用，总费用，营业间接成本
Gemeinwirtschaft die -; Pl. die -en	社会经济，公营企业
Gemeinde die -; Pl. die -n	社团，团体，教区
Gemeinschaft die -; Pl. die -en	群体，社区，社会，集合体
gemeinschaftlich	公共的，共有的
gemischte Fonds	混合基金
Genehmigung die -; Pl. die -en	许可证，准许，批准，同意
GenG = Genossenschaftsgesetz das -	合作社法
Genossenschaft die -; Pl. die -en	合作社，协作社
Genussmittel das -; Pl. die -	

享受的物品，享乐物质

| Genussschein | der -; Pl. die -e | 享益证券 |

geographisch/geografisch 地理的

geometrisch 几何的

gerade Verhältnisse （商业计算中的）正比关系

gerechtfertigt 有道理的

Gerichtskosten　kein Sg.; nur Pl. die - 诉讼费用

gering 少的，少量的，小的

Gesamtbetrachtung　die -; Pl. die -en

总体思考，总的考虑

Gesamtbild　das -; Pl. die -er 全景，全貌

Gesamtertrag　der -; Pl. die Gesamterträge 总产量

Gesamtinvestition　die -; Pl. die -en 总投资

Gesamtkapitalrentabilität　die -; kein Pl.

所有资本所带来的利润

Gesamtkostenvolumen　das -; Pl. die - oder die Gesamtkostenvolumina 总费用量

Gesamtleistung　die -; Pl. die -en 总产值

Gesamtmarkt　der -; Pl. die Gesamtmärkte 整体市场

Gesamtmenge　die -; Pl. die -n 总数量

Gesamtsortiment　das -; Pl. die -e 所有的品种

Gesamtrechnung	die -; Pl. die -en	整体核算
Gesamtvermögen	das -; Pl. die -	所有资本
Gesamtwert	der -; Pl. die -e	总值，总的价值
Gesamtwirtschaft	die -; Pl. die -en	国民经济，总体经济
gesamtwirtschaftliches Gleichgewicht		宏观经济的平衡
Geschäftsbedingung	die -; Pl. die -en	交易条件
Geschäftsbericht	der -; Pl. die –e	年报，企业经营报告
Geschäftsbesorgungsauftrag	der -; Pl. die Geschäftsbesorgungsaufträge	商务采购订单
Geschäftsbetrieb	der -	企业
geschäftsfähig		有行为能力的
Geschäftsfeld	das -; Pl. die -er	业务领域，商业领域
Geschäftsführer/in	der -/die -; Pl. die -/die -nen	总经理，首席执行官，执行总裁
Geschäftsführung	die -; Pl. die -en	执行业务的领导
Geschäftsinhaber/in	der -/die -; Pl. die -/ die -nen	企业所有者，老板，店主

G

Geschäftsjahr　　das -; Pl. die -e

（企业的）经营年度，财政年度

Geschäftspartner/in　　der -/die -; Pl. die -/die -nen

贸易伙伴

Geschäftssitz　　der -; Pl. die -e　　营业地点

Geschäftsvorfall　　der -; Pl. die Geschäftsvorfälle

企业事件

geschlossene Fonds　　　　封闭式基金

Geschmackswandel　　der -; Pl. die -　　口味改变

Gesellschaft　　die -; Pl. die -en　　　　社会

Gesellschafter/in　　der -/ die -; Pl. die -/die -nen　　股东

Gesellschafterbeschluss　　der -; Pl. die

Gesellschafterbeschlüsse　　　　股东决议

Gesellschafterversammlung　　die -; Pl. die -en

股东大会

Gesellschaftsvertrag　　der -; Pl. die

Gesellschaftsverträge　　　　公司合同

Gesichtspunkt　　der -; Pl. die -e　　因素，观点

Gesprächsgebühr　　die -; Pl. die -en　　通话费用，话费

Gesundheitsfonds　　der -　　　　健康基金

Gerichtshof　　der -; Pl. die Gerichtshöfe

G

		法院，法庭，审判厅
geringfügig		微小的，低的
geringstmöglich		尽可能少的，尽可能小的
Geringverdiener/in	der -/die -; Pl. die -/die -nen	低收入者
Gesamteinkommen	das -; Pl. die -	总收入
Gesetz	das -; Pl. die -e	法律，法则
Gesetz des abnehmenden Grenznutzens		边际效用递减法则
Gesetzgeber/in	der -/die -; Pl. die Gesetzgeber	立法者，立法人
gesetzlich		合法的，法定的，法律上的
gesetzlicher Güterstand		法定财产制
Gestaltung	die -; Pl. die -en	造型，形成
Gestattung	die -; Pl. die -en	许可
Getrenntleben	das -; kein Pl.	分居
Gewährleistung	die -; Pl. die -en	保证，保障
Gewerbeimmobilie	die -; Pl. die -n	用于工商业运营而建造的房产
Gewerbesteuer	die -; Pl. die -n	工商税，营业税
Gewerbeordnung	die -; Pl. -en	盈利事业法

gewerbetreibend	经营工商业的
Gewicht das -; Pl. die -e	重量
Gewinn der -; Pl. die -e	盈利，收益
Gewinnabführung die -; Pl. die -en	转让利润
Gewinnabnahme die -; Pl. die -n	利润减少
Gewinnanteil der -; Pl. die -e	股息，红利
Gewinnaufschlag der -; Pl. die Gewinnaufschläge	利润幅度
Gewinnausschüttung die -; Pl. die -en	红利分派，盈利分派
Gewinnbereich der -; Pl. die -e	盈利范围
Gewinnbeteiligung die -; Pl. die -en	分红，红利
gewinnbringend	盈利的，获利的
Gewinnermittlung die -; Pl. die -en	盈利调查
Gewinnmarge die -; Pl. die -n	利润幅度
Gewinnmaximierung die -	利润最大化
Gewinnmaximum das -; Pl. die Gewinnmaxima	利润最大化
Gewinn- und Verlustrechnung die -	损益表
Gewinnquote die -; Pl. die -n	盈利比例，利润指标
Gewinnrücklage die -; Pl. die -n	未分配利润

Gewinnstreben	das -; kein Pl.	追求盈利
Gewinnvortrag	der -; Pl. die Gewinnvorträge	利润结转
Gewinnzuschlag	der -; Pl. die Gewinnzuschläge	利润幅度
Gewinnzuteilung	die -; Pl. die -en	利润分配
Gewinnzuwachs	der -; Pl. die Gewinnzuwächse	利润增长
Gewohnheitsverhalten	das -; Pl. die -	习惯性行为
gezeichnet		有标记的
Gezeichnetes Kapital		已认定资本
Giralgeld	das -; Pl. die -er	汇款
Girobank	die -; Pl. die -en	结算银行，交换银行
Girokonto	das -; Pl. die Girokonten od. die Girokontons od. die Girokonti	转账账户，往来户头
Girozentrale	die -; Pl. die -n	票据清算中心，汇划中心
Gitterbox	die -; Pl. die -en	仓储笼，仓库笼
GKV = die gesetzliche Krankenkasse		国家医疗保险机构
Glaube	der -; kein Pl.	信念，相信，信仰

G

Gläubiger/in der -/die -; Pl. die -/die -nen	债权人，贷款方
Gläubigerverzug der -; Pl. die Gläubigerverzüge	债权人迟延
gleich	一样的，均同的，同样的
Gleichgewicht das -; Pl. die -e	平衡，平衡重量
Gleichgewichtslinie die -; Pl. die -n	平衡线
gleichmäßig	平均的，均匀的
Gleichmäßigkeit die -; Pl. die -en	均匀性
Gläubigerversammlung die -; Pl. die -en	债权人会议
GmbH = Gesellschaft mit beschränkter Haftung	有限责任公司
Gold das -; kein Pl.	金，黄金
Goldwährung die -; Pl. die -en	金本位
grafisch	图形的
Gremium das -; Pl. die Gremien	委员会，班子，机构
Grenzkosten kein Sg.; nur Pl. die -	边际成本
Grenzkostenkurve die -; Pl. die -n	边际成本曲线
Grenzkurve die -; Pl. die -n	极限曲线

Grenznutzen der -; Pl. die -	边际效用
Grenznutzenanalyse die -; Pl. die -n	边际效用分析
grenzüberschreitend	跨越国界的，过境的
Großbetrieb der -; Pl. die -e	大型企业，大企业
Großeinkauf der -; Pl. die Großeinkäufe	大量购买，批发
Größenordnung die -; Pl. die -en	规模，数量级
Großhandel der -; kein Pl.	批发，大宗买卖
Großhändler/in der -/die -; Pl. die Großhändler	批发商，批发行
Groß- und Einzelhandel der -	零售批发
Grundart die -; Pl. die -en	基本种类
Grundaufbau der -; Pl. die -ten	基本结构，基本格局
Grundbuch das -; Pl. die Grundbücher	土地登记证
Grunddienstbarkeit die -; Pl. die -en	地役权
Gründer/in der -/die -; Pl. die -/die -nen	创建人，始创者，发起人
gründen	创立，建立，开办，成立
Grundform die -; Pl. die -en	基本形式，原始形式
Grundlohn der -; Pl. die Grundlöhne	

		底薪，基本工资
Grundgebühr	die -; Pl. die -en	
		基本费用，基础费用
Grundgesetz	das -; Pl. die Grundgesetze	
		宪法，基本法
Grundkapital	das -; Pl. die -lien oder die Grundkapitale	本金
Grundkredit	der -; Pl. die -e	以地产为担保的贷款
Grundlage	die -; Pl. die -n	基础，根基
Grundpfand	das -; Pl. die Grundfänder	土地质押
Grundpfandrecht	das -	土地质权
Grundprinzip	das -; Pl. die -ien	
		基本原则，基本原理
Grundregel	die -; Pl. die -n	基本原则
Grundrente	die -; Pl. die -n	基本退休金，地租
Grundsatz	der -; Pl. die Grundsätze	
		原则，准则，方针
grundsätzlich		根本的，原则上的，基本的
Grundschuld	die -; Pl. die -en	地产债，土地债务
Grundsteuer	die -; Pl. die -n	地产税，土地税
Grundstück	das -; Pl. die -e	地产，地皮，土地

Grundstücksmakler/in　der -/die -; Pl. die -/die -nen 地产经纪人，地产中介

Grundvoraussetzung　die -; Pl. die -en　　基本前提

Gut　das -; Pl. die Güter　　财产，商品，货物

günstig　　便宜的，廉价的，方便的

Gütergemeinschaft　die -; Pl. die -en

共同财产，共有财产

Güterkreislauf　der -; Pl. die Güterkreisläufe

货物周转

Gütermenge　die -; Pl. die -n　　货物量，商品数量

Güterstand　der -; Pl. die Güterstände

财产状况，财产制

Gütertrennung　die -; Pl. die -en

财产分割，夫妻财产分别占有法

Gutachter/in　der -/die -; Pl. die -/die -nen　　鉴定人

gutgläubig　　轻信的

Guthaben　das -; Pl. die -

存款，结存额，结存款项

Guthabenabzug　der -; Pl. die Guthabenabzüge

扣除余额，存款扣款

Gutschein　der -; Pl. die -e　优惠券，赠券，代金券

gutschreiben	充值
Gutschrift　die -; Pl. die -en	贷方项，贷方凭证

H

Habenseite die -; Pl. die -n	贷方
Haftung die -; Pl. die -en	责任
Haftungsausschluss der -	免除法律责任
Halbfertigprodukt das -; Pl. die -e	半成品
Haltbarkeit die -; Pl. die -en	持久性，耐久性，保质
Handel der -; kein Pl.	贸易，商业，交易，生意，买卖
Handelsbetrieb der -; Pl. die -e	贸易企业，贸易商行
Handelsbilanz die -; Pl. die -en	贸易决算，贸易差额，贸易收支平衡表
Handelsgeschäft das -; Pl. die -e	商业，商事企业
Handelsgewerbe das -; Pl. die -	贸易行业，商业企业

Handelskonflikt der -; Pl. die -e	贸易战，贸易冲突
Handels- und Steuerrecht das -	商法和税法
Handelsrecht das -; Pl. die -e	商法，贸易法
Handelsregister das -; Pl. die -	商业注册簿，工商营业执照
Handelsregistereintrag der -	商业登记，商业注册
Handelsplatz der -; Pl. die Handelsplätze	交易场所，商场
Handelsspanne die -; Pl. die -n	商业利润
Handelsvertrag der -; Pl. die Handelsverträge	贸易合同，商业合同
Handelsvertreter/in der -/die -; Pl. die -/die -nen	销售代理，商业代理
Handelsvolumen das -; Pl. die - oder die Handelvolumina	贸易额，成交量
Handelsware die -; Pl. die -n	商品，货品，交易商品
Handelszeit die -; Pl. die -en	交易时间
Handhabung die -; Pl. die -en	操作，使用，待遇
Handlungsbedarf der -; Pl. die -e	

行动的必要性，处理的需求

Handlungsfähigkeit　die -; Pl. die -en　行为能力

Handlungsvollmacht　die -; Pl. die -en

商务委托，代办权

Handwerk　das -; Pl. die -e　手工艺

Handwerker/in　der -/die -; Pl. die -/die -nen

工匠，艺人，手工工人

Handwerksbetrieb　der -　手工业企业

Händler/in　der -/die -; Pl. die -/nen　贸易商，商人

Hauptsitz　der -; Pl. die -e　总部，总行

Hauptversammlung　die -; Pl. die -en　股东大会

Hauptverwaltung　die -; Pl. die -en　总部

Haushalt　der -; Pl. die -e　财政，财政预算，家务

Haushaltsdefizit　das -; Pl. die -e

财政赤字，预算赤字

Haushaltsplan　der -; Pl. die Haushaltspläne

预算案，预算计划

Hausratsverteilung　die -; Pl. die -en

离婚时家用器具的分割

Haustürgeschäft　das -; Pl. die -e　上门推销

Hauswirtschaft　die -; Pl. die -en

家庭管理学，家政学
Hebesatz　　der -; Pl. die Hebesätze　　　　税率
Hemmung　　die -; Pl. die -en　　阻碍，障碍，制止
Herausgabe　　die -; Pl. die -n　　　　发行，出版
herkömmlicher　　　　　　　传统的，惯例的
Hersteller/in　　der -/die -; Pl. die -/die -nen
制造商，制造厂家
Herstellerlogo　　das -; Pl. die -s　　制造商的标识
Herstellung　　die -; Pl. die -en　　生产，制造，制作
Herstellungskosten　　kein Sg.; nur Pl. die -
生产费用，制造成本
hervorrufen　　　　　　　产生，造成，引起
heterogen　　　　　　　不均匀的，异质的
HGB = Handelsgesetzbuch　　das -
（特指德国的）商法典
Hightech　　das -　　　　　　　　　高科技
High-Tech-Verbrechen　　das -　　　高科技犯罪
Hilfsstoff　　der -; Pl. die -e　　　　辅助材料
hinnehmen　　　　把……带到……，忍受，遭受
Hintergrund　　der -; Pl. die Hintergründe
背景，幕后，来历

Hinterleger/in der -/die -; Pl. die -	储户，寄存者
Hinterlegung die -; Pl. die -en	寄存
Hinterlegungsquittung die -	存单
Hinterlegungsschein der -	存单
Hinzufügung die -; Pl. die -en	附加，附件
hochentwickelt	高度发达的
Hochkonjunktur die -; Pl. die -en	经济高度繁荣
Hochzinsanleihe die -; Pl. die -e	高利息债券
Hochregallager das -; Pl. die - oder die Hochregalläger	高层架子仓储，高架仓库
hochwertig	高档的，上等的
Hoheit die -; Pl. die -en	主权
homogen	均匀的
Homogenität die -; kein Pl.	均质
Hongkong-Dollar der -	港币，港元
Honorar das -; Pl. die -e	报酬，酬金
höchstens	最多地，至多地
höchstmöglich	尽可能多的，尽可能大量的
Höchstpreis der -; Pl. die -e	最高价格
Höhe die -; Pl. die -n	高度（可表金额多少）
horizontal	水平的，横着的

Hüttenwerk	das -; Pl. die -e	冶炼厂
Hype		炒作
Hypothek	die -; Pl. die -en	抵押，抵押权，地产抵押
Hypothekenkredit	der -; Pl. die -e	抵押贷款
Hypothese	die -; Pl. die -n	假定，假设，假说
Hypovereinsbank	die -	抵押银行

I

IAB = Institut für Arbeitsmarkt- und Berufsforschung
das - 就业市场与职业研究所
identifizieren 辨认，认同
identisch 相同的，一样的
IHK = Industrie Handelskammer die -
工商业协会
IKB = Deutsche Industriebank AG die -
德国工业银行
illegal 违法的，非法的
Image das -; Pl. die -s 形象
Immobilie die -; Pl. die -n 不动产，房地产，物业
Immobilienfonds der - 不动产投资基金
Immobilieninvestment das -; Pl. die -s 房地产投资
Immobilienmakler/in der -/die -; Pl. die -/die -nen
房产中介人，房产经纪
Immobilienmarkt der - 房产市场，楼市
Immoblienpreise Pl. die - 房价

Immobilienspekulation die -	房屋买卖投机，炒房
Importeur/in der -/die -; Pl. die -e/die -nen	进口商，进口公司
Improvisation die -	即兴创作
Impuls der -; Pl. die -e	冲动，推动力
Inanspruchnahme die -; Pl. die -n	需要，要求，使用，利用，占用
Inbetriebnahme die -; Pl. die -n	开始运作，发动，启动
in Bezug	关于，涉及
Incoterms Pl. die -	国际贸易条件解释通则
Index der -; Pl. die Indizes oder die Indexe	指标，指数，目录
Indifferenzkurve die -; Pl. die -n	无差异曲线
indirekte Steuer	间接税
indische Rupien	印度卢币
individual	个人的，私人的
Individualbedarf der -; Pl. die -e	个体需求，个人需求
Industrialisierung die -; Pl. die -en	工业化，产业化
Industriebetrieb der -	工厂，工业企业

Industriegebiet	das -; Pl. die -e	工业区
Industrieland	das -; Pl. die Industrieländer	工业国家，发达国家，工业国
Industriepark	der -; Pl. die -s	工业区，工业园
Inflation	die -; Pl. die -en	通货膨胀
Inflationsrate	die -; Pl. die -n	通货膨胀率
Inflationsgewinn	der -; Pl. die -e	通货膨胀收益
infolge		由于，因为
Information	die -; Pl. die -en	信息，资料，服务台
Informationsaustausch	der -	信息交换，信息交流
Informationsblatt	das -; Pl. die Informationsblätter	小报，小广告
Informationsquelle	die -; Pl. die -n	信息来源
Informationsübermittlung	die -; Pl. die -en	信息调查，信息查明
Infrastrukturaufschlag	der -; Pl. die Infrastrukturaufschläge	基础设施收费
Ingenieur/in	der -/die -; Pl. die -e/die -nen	工程师
Inhaber/in	der -/die -; Pl. die -/die -nen	所有人，所有者，持有者，业主
Inhaberklausel	die -; Pl. die -n	持有人条款

Inhaberaktie	die -; Pl. die -n	无记名股票
Inhaberpapier	das -; Pl. die -e	无记名证券
Inhalt	der -; Pl. die -e	内容，含量，题材，体积
Initiative	die -; Pl. die -n	积极性，主动性，首创精神
Inland	das -; kein Pl.	国内，本国，内陆
Innenfinanzierung	die -; Pl. die -en	内部融资，内部集资
Innenverhältnis	das -	内部关系
innerbetrieblich		企业内部的
Input	der -; Pl. die -s	输入，投入
Insichgeschäft	das -	自己代理
Insolvenz	die -; Pl. die -en	破产，无偿债能力，无支付能力
Insolvenzplan	der -; Pl. die Insolvenzpläne	破产计划
Insolvenzverfahren	das -; Pl. die -	破产处理程序
Insolvenzverwalter/in	der -/die -; Pl. die -/die -nen	破产管理人
Instrument	das -; Pl. die -e	工具，用具，仪器，乐器
Integration	die -; Pl. die -en	整合，一体化，结合
intern		内部的，不公开的

Intensität die -; Pl. die -en	强度
Intensivierung die -; Pl. die -en	增强，加紧，集约化
Interessengruppe die -; Pl. die -n	利益集团，利益团体
internalisieren	使某事内在化，使……成为主观
interpretieren	说明，解释，注释
Intervention die -; Pl. die -en	干预，干涉，插手
Interventionspreis der -	干预价格
In- und Output	吞吐
Inventar das -; Pl. die -e	财产目录，清册，存货清单
Investition die -; Pl. die -en	投资
Investitionsgüter nur Pl. die -	投资货物
Investitionsplan der -	投资计划
Investitionsvorhaben das -; Pl. die -	投资计划，投资打算
Investment das -; Pl. die -s	投资
Investmentbanking das -	投资银行，投资银行业务
irrtümlich	错误的
ISO = die Internationale Organisation für Normung	

I

	国际标准化组织
isländische Kronen	冰岛克朗
Isoquanten die -	等产量曲线
Istzeit die -; Pl. die -en	实时
IWF = internationaler Währungsfonds der -	
	国际货币基金组织

J

Jahrbuch	das -; Pl. die Jahrebücher	年鉴，年刊
Jahrgang	der -; Pl. die Jahrgänge	年度，年级
jahrelang		多年的，持续好几年的
Jahresabschluss	der -; Pl. die Jahresabschlüsse	年终结算，年度账目
Jahresausblick	der -; Pl. die -e	年度展望
Jahreseinkommen	das -; Pl. die -	全年收入
Jahresfehlbetrag	der -; Pl. die Jahresfehlbeträge	年度赤字，年度亏空
Jahresüberschuss	der -; Pl. die Jahresüberschüsse	年终盈利，年度利润
Jahrhundert	das -; Pl. die -e	世纪，百年，一百年
japanische Yen	der -	日元
Jahrzehnt	das -; Pl. die -e	年代，十年
jährlich		每年的
Jurist/in	der -/die -; Pl. die Juristen/die -nen	法律研究者，法学家
juristische Person		法人

K

Kammer die -; Pl. die -n	行业协会
Kalenderjahr das -; Pl. die -e	年历所指的一年度
Kalkulation die -; Pl. die -en	计算，估算，核算
Kalkulationsmethode die -; Pl. die -n	计算方法
kalkulatorisch	核算的
kanadische Dollar der -	加拿大元
Kannkaufmann der -	任意商人
Kapazität die -; Pl. die -en	能量，容量，容积
Kapazitätsauslastung die -; Pl. die -en	生产能力利用程度
Kapazitätsplanung die -; Pl. die -en	生产能力计划
Kapital das -; Pl. die Kapitalien	资本，资金，资产
Kapitalabfluss der -; Pl. die Kapitalabflüsse	资本流出，资本外流
Kapitalanlage die -; Pl. die -n	资本投资
Kapitalanlagegesellschaft die -; Pl. die -en	投资公司

Kapitalanleger/in	der -/die -; Pl. die Kapitalanleger	投资者，投入资金的人
Kapitalbeschaffung	die -; Pl. die -en	资本筹措
Kapitalbindung	die -; Pl. die -en	资本约束
Kapitalerhaltung	die -	资本保持
Kapitalerhöhung	die -; Pl. die -en	增资
Kapitalertrag	der -; Pl. die Kapitalerträge	资本收益
Kapitalfluss	der -; Pl. die Kapitalflüsse	资本流动
Kapitalgeber/in	der -/die -; Pl. die -/die -nen	投资者，投资人
Kapitalgesellschaft	der -; Pl. die -en	资本公司
Kapitalherabsetzung	die -; Pl. die -en	资本减少
Kapitalkonto	das -; Pl. die Kapitalkonten oder die Kapitalkontos oder die Kapitalkonti	资本账户
Kapitalmarkt	der -; Pl. die Kapitalmärkte	金融市场，资本市场
Kapitalrücklage	die -; Pl. die -n	资本储备金
Kapitalstock	der -; Pl. die Kapitalstöcke	资本存量
Kapitalzuwachs	der -; Pl. die Kapitalzuwächse	资本增长
Kartell	das -; Pl. die -e	卡特尔

K

Kartellamt　　das -; Pl. die Kartellämter　　反垄断管理局

Kartellgesetz　　das -; Pl. die -e　　卡特尔法，反垄断法

Kartellverbot　　das -; Pl. die -e　　卡特尔禁令

Karteninhaber/in　　der -/die -; Pl. die -/die -nen

　　　　　　　　持卡人，卡持有者

Karton　　der -; Pl. die -s　　纸板，硬纸板，卡纸

Kassenbeleg　　der -; Pl. die -e　　销售收据，购物小票

Kassenbestand　　der -; Pl. die Kassenbestände

　　　　　　　　库存现金

Kassenbon　　der -; Pl. die -s　　收据，发票

Kassenpatient/in　　der -/die -; Pl. die -en/die -nen

　　　　　　　　医保病人，医保患者

Kasten　　der -; Pl. die Kästen　　箱子，盒子

Katalog　　der -; Pl. die -e　　目录，目录册

Katalogwerbung　　die -; Pl. die -en

　　　　　　　　打广告的目录小册子

Kategorie　　die -; Pl. die -n　　种类，类别，类型，门属

Kauf　　der -; Pl. die Käufe　　购买，购货，交易

Kaufbetrag　　der -; Pl. die Kaufbeträge　　购入金额

Kaufkraft　　die -; Pl. die Kaufkräfte　　购买力

Kaufmann/Kauffrau　　der -/die -; Pl. die

Kaufmänner/die Kauffrauen	商人，商户
Kaufpreis der -; Pl. die -e	购买价格，购入价
Kaufrecht das -	购买权，买卖权
Kaufvertrag der -; Pl. die Kaufverträge	购买合同
Käufer/in der -/die -; Pl. die -/die -nen	买方，买家，购买者
Käuferkreis der -; Pl. die -e	购买者范围
Käufermarkt der -; Pl. die Käufermärkte	买方市场
Käuferstrom der -; Pl. die Käuferströme	顾客流
Kennzahl die -; Pl. die -en	指标，参数
kennzeichnen	表明，标出，给作记号
Kennziffer die -; Pl. die -n	指标，数字代号
Kernstück das -; Pl. die -e	主要项目
Kilo = Kilogramm das -; Pl. die -e	公斤，千克
KG = Kommanditgesellschaft die -	两合公司
Kindergeld das -; Pl. die -er	子女补助金，儿童金
Kirchensteuer die -; Pl. die -n	教会税
Kiste die -; Pl. die -n	箱子，筐子，事情
Klage die -; Pl. die -n	起诉，起诉状，怨言，控告
Klassifizierung die -; Pl. die -en	分等级，分级，把……分类

KLR = Kosten- und Leistungsrechnung die - （成本会计中）对费用和业绩所做出的计算

Klausel die -; Pl. die -n 条款，条文，条目

Kleinbetrieb der -; Pl. die -e 小企业，小规模经营，小型工厂

knapp 紧张的，缺乏的，不足的

Knappheit die -; Pl. die -en 短缺，紧缺，不足

Knappschaftskasse die -; Pl. die -n 矿工联合会保险机构

Koeffizient der -; Pl. die -en 系数

Kollektiv das -; Pl. die -e 集体

Kollektivbedarf der -; Pl. die -e 集体需求，团体需求

Kommanditist/in der -/die -; Pl. die Kommanditisten 两合公司有限责任股东

Kommission die -; Pl. die -en 佣金，代理，委员会

kommissionieren 下单，验收

kommunal 地方的，地区的

Kommune die -; Pl. die -n 镇，乡，公社

Kommunikation die -; Pl. die -en 交流，沟通，联系

Kommunikationsfähigkeit die -; Pl. die -en

	沟通能力，交际能力
komparativ	比较级的
kompatibel	兼容
kompensieren	抵消，补偿
Komplementär/in der -/die -; Pl. die Komplementäre	
	两合公司中具有无限责任的股东
Komplementärgüter die -	互补商品，互补货物
komplett	完整的，完备的
Komponente die -; Pl. die -n	
	组成部分，成分，因素
Kompromiss der -; Pl. die -e	
	妥协，折中，折中方案
Kombination die -; Pl. die -en	结合，组合，搭配
Kondition die -; Pl. die -en	条件，支付条件
konfigurieren	配置
Konflikt der -; Pl. die -e	纠纷，冲突
Konjunktur die -; Pl. die -en	经济形势，景气
Konjunkturindikator der -; Pl. die -en	
	经济发展指标
Konjunkturverlauf der -; Pl. die Konjunkturverläufe	
	经济发展趋势

Konjunkturzyklus der -; Pl. die Konjunkturzyklen	经济发展的循环周期
konkretisieren	具体化
Konkurrenz die -; Pl. die -en	竞争
Konkurrenzanlayse die -; Pl. die -n	竞争分析
konkurrenzfähig	有竞争力的
Konkurrenzsituation die -; Pl. die -en	竞争情况
Konkurs der -; Pl. die -e	破产，倒闭，破产程序
Konkursrisiko das -; Pl. die Konkursrisiken	破产风险，倒闭风险
Konnossement das -; Pl. die -e	提单，海运提单，船货清单
Konsequenz die -; Pl. die -en	结果，后果，必然性，连贯性
Konsignation die -; Pl. die -en	寄售
Konsignationslager das -; Pl. die - oder die Konsignationsläger	寄售仓库，代销仓储
Konsolidation die -; Pl. die -en	统一，合并，弥补债务
Konsolidierung die -; Pl. die -en	弥补债务，合并，整顿

Konsortium	das -; Pl. die Konsortien	财团，联盟，临时合伙
konstant		稳定的，持续的，不变的
Kontrahierung	die -; Pl. die -en	订约
Konstruktion	die -; Pl. die -en	构造，结构，设计
Konstruktionszeichnen	das -; kein Pl.	绘制
Konsum	der -; Pl. die -s	消费
Konsumgewohnheit	die -; Pl. die -en	消费习惯
Konsumgut	das -; Pl. die Konsumgüter	消费品，日用品，日常生活用品
Konsumgüterindustrie	die -; Pl. die -n	消费品工业，消费品产业
Konsument/in	der -/die -; Pl. die -en/die -en	消费者
Konsumniveau	das -; Pl. die -s	消费水平
Konsumplan	der -; Pl. die Konsumpläne	消费计划
Konsumverhalten	das -; Pl. die -	消费行为，消费举止
Kontenrahmen	der -; Pl. die -	会计科目表
Kontext	der -; Pl. die -e	环境，上下文，背景
Konto	das -; Pl. die Konten oder die Kontos oder die Konti	账户，账目，户头

Kontoeröffnung	die -; Pl. die -en	开立账户
Kontoinhaber/in	der -/die -; Pl. die -/die -nen	账户持卡人
Kontonummer	die -; Pl. die -n	账号
Kontokorrentkredit	der -	往来账信用，信用贷款
Kontrolle	die -; Pl. die -n	控制，监督，检查
Konvergenzkriterien	die -	趋同标准
Konzentration	die -; Pl. die -en	浓度，专心，集中
Konzept	das -; Pl. die -e	方案，建议书，草案，构想
Konzession	die -; Pl. die -en	特许经营权，牌照，许可
Koordination	die -; Pl. die -en	协调，配合，协作
Korrektur	die -; Pl. die -en	订正，更正，改正
Korrekturbuchung	die -; Pl. die -en	校对的账目
Körperschaft	die -; Pl. die -en	团体法人，机关，法人
Körperschaftsteuer	die -; Pl. die -n	法人所得税，公司所得税
Kosten	kein Sg. nur Pl. die -	成本，费用，花费，支出，代价

Kostenart	die -; Pl. die -en	开支种类，支出种类
Kostenaufstellung	die -; Pl. die -en	费用清单
Kostenbefreiung	die -; Pl. die -en	免除费用
kostendeckend		保本的
Kostendeckung	die -; Pl. die -en	成本回收，成本覆盖，费用抵偿
Kostenerhöhung	die -; Pl. die -en	成本增加
kostengünstig		价格便宜的
Kostenkalkulation	die -; Pl. die -en	成本核算，成本会计
Kostenkontrolle	die -; Pl. die -n	成本控制
kostenlos		免费的，无偿的
Kosten-Nutzen-Analyse	die -; Pl. die -n	成本效益分析
kostenpflichtig		付费的
Kostensenkung	die -; Pl. die -en	费用降低，成本下降
Kostenstelle	die -; Pl. die -n	成本核算单位
Kostenträger	der -; Pl. die -	费用承担者
Kostenstruktur	die -; Pl. die -en	成本结构，费用结构

Kostenübernahme	die -; Pl. die -n	费用划拨
Kostenvoranschlag	der -	成本估计，投标书，报价单
Kraftloserklärung	die -; Pl. die -en	宣告无效
Krankengeld	das -; Pl. die -er	病休保险金，生病补贴
Krankenkasse	die -; Pl. die -n	医疗保险机构，疾病保险组织
Krankenversicherung	die -; Pl. die -en	医疗保险
Kredit	der -; Pl. die -e	信用，信贷，贷款
Kreditgeber/in	der -/die -; Pl. die -/die -nen	债权人，债主，贷款方，贷款人
Kreditgeschäft	das -; Pl. die -e	贷款业务，信贷业务
Kreditinstitut	das -; Pl. die -e	信贷机构，金融机构
Kreditkarte	die -; Pl. die -n	信用卡
Kreditkauf	der -; Pl. die Kreditkäufe	信用买卖
Kreditlimit	das -; Pl. die -s	信用额度，贷款额度
Kreditlinie	die -; Pl. die -n	信贷额度
Kreditnehmer/in	der -/die -; Pl. die -/die -nen	

		债务人，借贷者，借贷人
Kreditsicherung	die -; Pl. die -en	贷款担保
Kreditvertrag	der -; Pl. die Kreditverträge	贷款合同
Kreditwirtschaft	die -; Pl. die –en	
		银行业，信贷业务
kreditwürdig		有信用的
Kreis	der -; Pl. die -e	圆圈，范围
Krisenmanager/in	der -/die -; Pl. die Krisenmanager	
		危机处理人，危机管理者
Krisenzeit	die -; Pl. die -en	危机时代
Kriterium	das -; Pl. die Kriterien	标准，准则，规范
Kritik	die -; Pl. die -en	批评，评论
Kulturbedürfnis	das -; Pl. die -se	
		文化需求，文化欲望
kumulieren		累计，累积
Kunde/in	der -/die -; Pl. die -n/die -nen	
		顾客，客户，买方，买主
Kundenadresse	die -; Pl. die -n	客户地址
Kundenauftrag	der -; Pl. die Kundenaufträge	
		客户订单
Kundenauftragsproduktion	die -; Pl. die -en	

根据客户订单加工生产的产品

Kundenbedürfnis	das -; Pl. die -se	顾客需求
Kundenbestellung	die -; Pl. die -en	客户订单
Kundenbindung	die -; Pl. die -en	客户关系
Kundendienst	der -; Pl. die –e	售后服务，顾客服务
Kundengruppe	die -; Pl. die –n	顾客群，顾客消费群
Kundenkarte	die -; Pl. die -n	会员卡，顾客卡
Kundennummer	die -; Pl. die -n	客户号，客户编号
Kundenservice	der -; Pl. die -s	客户服务，用户服务，顾客服务
Kundenvorauszahlung	die -; Pl. die -en	顾客预付款，顾客定金
Kundenwunsch	der -; Pl. die Kundenwünsche	顾客愿望，顾客意愿
Kundenzufriedenheit	die -; Pl. die -en	顾客满意度
Kurs	der -; Pl. die -e	汇率，市场牌价，班，课程
kurzfristig		短期的，近期的
kündigen		解除，解雇，辞职
Kündigungsfrist	die -; Pl. die -en	解约期限

Kündigungsschreiben　　das -
　　　　　　　　　　　　解约通知，辞职信件，辞呈
Kündigungsschutz　　der -　　　　　　解约保护
KVP = kontinuierlicher Verbesserungsprozess　　der -; Pl. die -e　　　　　　　　　不断地改善过程

Ladefläche	die -; Pl. die -n	装载面积，装载台
Ladepapier	das -; Pl. die -e	装货的文件，装货证明
Ladeschein	der -; Pl. die -e	提单，货运证件
Ladenschluss	der -; Pl. die Ladenschlüsse	收市，商店营业时间结束
Lage	die -; Pl. die -n	状况，形势，处境，能力
Lagebericht	der -; Pl. die -e	情况报告
Lager	das -; Pl. die - oder die Läger	仓库，储藏室
Lagerbestand	der -; Pl. die Lagerbestände	库存，仓库存量
Lagerbestandverzeichnis	das -; Pl. die -se	库存记录，库存目录
Lagergüter	die -	仓储货物
Lagerhaltung	die -; Pl. die -en	仓库管理
Lagerhaltungskosten	kein Sg.; nur Pl. die -	仓储费

Lagerhaus	das -; Pl. die Lagerhäuser	库，仓库
Lagerhalle	die -; Pl. die -n	仓库
Lagerkosten	kein Sg.; nur Pl. die -	库存费用
Lagernachbereitung	die -; Pl. die -en	仓储的后续准备
Lagerplatzausnutzung	die -; Pl. die -en	仓库位置的利用
Lagerplatzauswahl	die -; Pl. die -en	仓库地址选择
Lagerschein	der -; Pl. die -e	仓单
Lagersortiment	das -; Pl. die -e	库存种类，仓库种类
Lagertechnik	die -; Pl. die -en	仓储技术
Lagerungskosten	kein Sg.; nur Pl. die -	库存费用，保存费用
Lagerverkauf		清仓甩卖
Lagervorbereitung	die -; Pl. die -en	仓储前的准备
Landesbank	die -; Pl. die -en	地区性银行，州立银行，国家银行
Landgut	das -; Pl. die Landgüter	农庄，田庄
Landwirt/in	der -/die -; Pl. die -e/die -nen	农民，农夫，农场主

| Landwirtschaft | die -; Pl. die -en | 农业，农庄，庄园 |

Landwirtschaft　die -; Pl. die -en　农业，农庄，庄园
Langlebigkeit　die -; Pl. die -en　耐久性，长寿
Last　die -; Pl. die -en　负担，负荷，重物
Lasten　die -　经济负担
latent　潜伏的，潜在的
Laufbahn　die -; Pl. die -en　生涯，经历
Laufkran　der -; Pl. die Laufkräne
　　天车，桥式起重机，桥式吊车
Laufzeit　die -; Pl. die -en　期限，渡越时间
Layout　das -; Pl. die -s　设计，版面，排版
Layoutplanung　die -; Pl. die -en　设计计划
langfristig　长期的，长久的
Lean Management　das -　精益经营管理
Leasing　das -; Pl. die -s　租赁
Lebensbedarf　der -; Pl. die -e　生活需求
Lebenshaltung　die -; Pl. die -en
　　生活水平，生活状况，生活方式
Lebensgemeinschaft　die -; Pl. die -en
　　（夫妻婚后的）共同生活，（男女）同居
Lebensmittel　das -; Pl. die -
　　食物，食品，食材，粮食

Lebensmittelgeschäft das -; Pl. die -e
食品店，食品杂货店

Lebensraum der -; Pl. die Lebensräume
生存空间，栖息地

Lebensversicherung die -; Pl. die -en 人寿保险

Lebenshaltungskosten kein Sg.; nur Pl. die -
生活费用

Lebensziel das -; Pl. die -e 生活目标

Lebenszyklus der -; Pl. die Lebenszyklen 生命周期

legitim 合法的，依法的，法定的

Leibrente die -; Pl. die -n 终身养老金

leihen 借，借出，借给

Leistung die -; Pl. die -en
业绩，成绩，成就，产量，能力

Leistungsfähigkeit die -; Pl. die -en
工作能力，业绩能力

Leistungsort der - 给付地

Leistungsverweigerungsrecht das -; Pl. die -e
拒绝给付权

Leistungswettbewerb der -
良性竞争，效益性竞争

Leitprinzip das -; Pl. die Leitprinzipien	方针
Leitzins der -; Pl. die -en	基准利率，主导利率
lenken	引导，指导，驾驭
Lieferant/in der -/die -; Pl. die -en	供货方，供应商，供给人
Lieferantenbewertung die -; Pl. die -en	对供货商的评价
Lieferantendatei die -; Pl. die -en	供货方数据，供应商文档
Lieferantenkredit der -	卖方信贷
Lieferbedingungen die -	供货条件，交货条件
Lieferrabatt der -; Pl. die -e	运输折扣，运输折价
Liefermenge die -; Pl. die -n	供货量，送货量
Liefertermin der -; Pl. die -e	交货日期
Lieferung die -; Pl. die -en	交货，送货
linear	线性的，直线性的
lineare Abschreibung	线性的折旧
Liquidation die -; Pl. die -en	清算
Liquidator/in der -/die -; Pl. die Liquidatoren	清算人
Liquidität die -; Pl. die -en	

流动性，偿付能力，清偿能力

Lizenz　die -; Pl. die -en

　　　　许可证，执照，许可，特许

Lizenzkosten　kein Sg.; nur Pl. die -

　　　　许可证费用，特许费用

LKW = Lastkraftwagen　der -; Pl. die -

　　　　载重汽车，卡车，大货车

Lobbyist/in　der -/die -; Pl. die –ie/die - nen　说客

Logistik　die -; kein Pl.　物流，货运业务，物流业务

Logistikentwicklung　die -; Pl. die -en　物流发展

Logistikhilfsmittel　das -; Pl. die -

　　　　物流辅助手段，物流辅助方法

Logistikmanagement　das -; Pl. die -s　物流管理

Logistikmarkt　der -; Pl. die Logistikmärkte

　　　　物流市场

Logistikkosten　kein Sg.; nur Pl. die -　物流费用

Logistikzentrum　das -; Pl. die Logistikzentren

　　　　物流中心

Lohn　der -; Pl. die Löhne　工资，报酬，薪水

Lohneinkommen　das -　工资收入

Lohngruppe　die -; Pl. die -n　工资等级

Lohnkosten	kein Sg.; nur Pl. die -	工资成本，劳动成本
Lohnnebenkosten	kein Sg.; nur Pl. die -	工资附加费用，工资附加成本
Lohnpolitik	die -; kein Pl.	工资政策
Lohnquote	die -; Pl. die -n	工资率
Lohnsteuer	die -; Pl. die -n	工资所得税
Lohnsteuerbescheinigung	die -; Pl. die -en	工资交税证明
Lohnsteuerjahresausgleich	der -	工资税年度调整
Lohnsteuerkarte	die -	工资税卡
Lohnstruktur	die -; Pl. die -en	工资结构
Lohnstückkosten	kein Sg.; nur Pl. die -	单件产品的工资成本，单件产品的劳动成本
Lohnzahlung	die -; Pl. die -en	工资支付
Lohnzusatzkosten	kein Sg.; nur Pl. die -	工资附加费用
Lombard	der -; Pl. die -e	抵押贷款
Lorenz-Kurve	die -	洛伦茨曲线
Losgrößen	die -	批量

Luftverschmutzung	die -; Pl. die -en	空气污染
lukrativ		有利的
Luxusbedürfnis	das -; Pl. die -se	对奢侈的需求，对奢侈的欲望

M

Makroökonomie　die -; Pl. die -n　　　宏观经济

makroökonomisch　　　　　　　　宏观经济的

Makler/in　der -/die -; Pl. die -/die -nen

经纪人，介绍人，中介

Mangel　der -; Pl. die Mängel

缺陷，缺乏，欠缺，不足

Mangelware　die -; Pl. die -n

缺乏的产品，紧缺的商品

Manipulation　die -; Pl. die -en　　　小动作

Manteltarif　der -; Pl. die -e　　基本劳资合同

Manteltarifvertrag　der -; Pl. die Manteltarifverträge

基本劳资合同，劳资总协议

Marke　die -; Pl. die -n　　　商标，品牌，牌子

Markenartikel　der -; Pl. die -

名牌商品，商标货品，有标商品

Markenbewertung　　die -; Pl. die -en　　品牌价值评估

Markenrecht　　das -; Pl. die -e　　商标法，商标权

Marketing　　das -; kein Pl.　　市场营销，推销，销售学

Marketingabteilung　　die -; Pl. die -en

市场部，营销部，销售部

Markt　　der -; Pl. die Märkte　　市场，商场，集市

Marktanalyse　　die -; Pl. die -n　　市场分析

Marktanteil　　der -; Pl. die -e

市场份额，市场占有率

Marktausweitung　　die -　　扩大市场

Marktbeobachtung　　die -; Pl. die -en　　市场观察

Marktdurchdringung　　die -; Pl. die -en　　市场渗透率

Marktforschung　　die -; Pl. die -en

市场调研，市场调查，市场研究

Marktgleichgewicht　　das -; Pl. die -e　　市场平衡

Marktlage　　die -; Pl. die -n

市场行情，市场情况，市面

Marktprognose die -; Pl. die -n	市场预测，市场估计
Marktsituation die -; Pl. die -en	市场情况，行情
Marktteilnehmer/in der -/die -; Pl. die Marktteilnehmer	市场参与者
Markttransparenz die -; kein Pl.	市场透明度
marktüblich	市场常规的
Marktuntersuchung die -; Pl. die -en	市场调查
Marktversagen das -; kein Pl.	市场失效，市场失灵
Marktwert der -; Pl. die -e	市价，市场价值
Marktwirtschaft die -; Pl. die -en	市场经济
Mängelanzeige die -; Pl. die -n	缺陷显示
Maschine die -; Pl. die -n	机器，机械
Massegläubiger/in der -/die -; Pl. die Massegläubiger/die -nen	破产财产的债权人
Massengut das -; Pl. die Massengüter	大宗货物，大宗商品
massenhaft	大量的，很多的

Massenproduktion   die -; Pl. die -en

大量生产，成批生产

Maß   das -; Pl. die -e

程度，尺度，尺寸，大小，计量

Maßgabe   die -; Pl. die -n   尺寸，尺度

maßgebend   有决定意义的，决定性的，有权威的

maßgeblich   参与某事起着决定性的作用

maßgefertigt   量身订做的

maßgeschneidert   量身订做的，很合适的

Maßnahme   die -; Pl. die -n

步骤，办法，措施，手段

Masseverbindlichkeit   die -   破产财产债务

Materialaufwand   der -; Pl. die Materialaufwände

物质花费，材料费用

Materialbedarfsplanung   die -; Pl. die -en

材料需求计划

Materialfluss   der -; Pl. die Materialflüsse

材料流程，物资流程

M

Materialknappheit　die -; Pl. die -en　材料短缺

Materialkosten　kein Sg.; nur Pl. die -
　　　　材料成本，材料费用，物资费，原料费

Matrix　die -; Pl. die Matrices oder die Matrizes oder die Matrizen　　矩阵

Maut　die -; Pl. die Mauten　通行费，公路养路费

maximal　最大限度的，最多的

Medienunternehmen　das -; Pl. die -
　　　　多媒体企业，传媒企业，传媒公司

Mehrheit　die -; Pl. die -en　大部分，大多数，多数

Mehrplanwirtschaft　die -; Pl. die -en
　　　　　　　　　　非集中制计划经济

Mehrprodukt-Produktion　die -; Pl. die -en
　　　　多元化产品生产，多产品生产

Meinungsaustausch　der -　交换意见

Meinungsforschung　die -; Pl. die -en
　　　　对不同观点进行的研究分析

Meldung　die -; Pl. die -en　报道，消息

Menge die -; Pl. die -n	多少，数量，数目
Mengeneinheit die -; Pl. die -en	数量单位
Mengenrabatt der -; Pl. die -e	数量折扣
Merkmal das -; Pl. die -e	特征，特点，标记
messbar	可测量的
Messgröße die -; Pl. die -n	被测量大小
Messwert der -; Pl. die -e	测定值
Metallgeld das -; kein Pl.	硬币
MHD = Mindesthaltbarkeitsdatum das -	保质日期，保质期
Mietaufwand der -; Pl. die Mietaufwände	租金支出，租金花费
Mieterhöhung die -; Pl. die -en	租金提高，租金上涨
Mietpreis der -; Pl. die -e	房租，租金
mitbestimmen	共同决定
Mitbürgschaft die -; Pl. die -en	共同担保
Mietdauer die -; kein Pl.	租用持续时间

Mietwohnung	die -; Pl. die -en	出租的房屋
Miteigentum	das -; kein Pl.	共同所有权
Miete	die -; Pl. die -n	房租，租金，租价
Mieter/in	der -/die -; Pl. die -/die -nen	承租人，租用者，房客
Mieterschutz	der -; kein Pl.	租金管制，承租人保护
Mieterschutzgesetz	das -	租客保护法，承租人保护法
Mietkauf	der -; Pl. die Mietkäufe	租赁买卖
Mietpreis	der -; Pl. die -e	租金，房租，租价
Mietspiegel	der -; Pl. die -	租金指数
Mietverhältnis	das -; Pl. die -se	租赁关系
Mietvertrag	der -; Pl. die Mietverträge	租赁合同，租房合同，租契
Mietwert	der -; Pl. die -e	租值
Mietzins	der -; Pl. die -en	租金，房租
mikroökonomisch		微观经济的
Minderheit	die -; Pl. die -en	少数，少数民族

mindern	减少，减轻，降低，减缓
Mindestbestand　der -; Pl. die Mindestbestände	
	最低存量，最低储存量
Mindestmitgliederzahl　die -; Pl. die -en	最少成员数
mindestens	最少，至少
Mindeststammkapital　das -; Pl. die -ien oder die -e	
	最少的原始资本，最低要求的原始资本
Mindestreservenpolitik　die -	最低储备量政策
Minimalwert　der -; Pl. die -e	最小值，极小值
Minimum　das -; Pl. die Minima	
	最小值，最低值，最低限度
Mio. = Million　die -	百万
Mischstrategie　die -; Pl. die -n	混合策略
Mitbegründer/in　der -/die -; Pl. die Mitbegründer/die -nen	
	联合创始人，共同创建者
Mitbestimmung　die -; Pl. die -en	
	参与决定，共同决定
Mitbestimmungsrecht　das -; Pl. die -e	共同决定权

Mitbewerber/in   der -/die -; Pl. die -/die -nen

竞争者

Miteigentum   das -; kein Pl.   共同所有权

Miteigentümer/in   der -/die -; Pl. die -/die -nen

共同所有权人

Miterbe/Miterbin   der -/die -; Pl. die -n/die -nen

共同继承人

Mitgliederversammlung   die -; Pl. die -en   成员大会

Mitgliedschaft   die -; Pl. die -en   成员资格，关系

Mitgliedstaat   der -; Pl. die -en   成员国，会员国

Mitteilung   die -; Pl. die -en   消息，通知，告知

Mittelbeschaffung   die -; Pl. die –en

资金筹措，融资

mittelfristig   中期的

Mittelherkunft   die -; Pl. die Mittelherkünfte

资金来源

Mittler/in   der -/die -; Pl. die -   中介人，介绍人

mittlerweile   其间

Mitverschulden　　das -; kein Pl.　　　　　共同过错

Mitwirkung　　die -; Pl. die -en

合作，配合，参加，参与

Möbelindustrie　　die -; Pl. die -n　　　　家具工业

Modellauswahl　　die -; Pl. die -en　　　　型号选择

Modernisierung　　die -; Pl. die -en　　　　现代化

Monatsumsatz　　der -; Pl. die Monatumsätze　月销售

monetär　　　　　　　　　　　　　　金融的，钱的

Monopol　　das -; Pl. die -e　　　　　　独占，垄断

Monopolist/in　　der -/die -; Pl. die/die -nen

垄断者，垄断资本家

Monotonie　　die -; Pl. die -n　　　　　　单调性

Montage　　die -; Pl. die -n　　　　　　安装，装配

Motiv　　das -; Pl. die -e　　　　动机，用意，起因

Motivation　　die -; Pl. die -en

动力，积极性，推动力

Motivforschung　　die -; Pl. die -en

对动机进行的调查分析

M

Multiplikation die -; Pl. die -en 乘法，增值，增倍

multiplizieren （商业计算中的）乘，乘以

Muster das -; Pl. die - 模型，列子，款式，样子

Mutterschaft die -; kein Pl. 母性，母系

Mutterunternehmen das - 总公司

Münze die -; Pl. die -n 硬币

N

Nacherbe/Nacherbin der -/die -; Pl. die –n/die -nen 后位继承人

Nachfrage die -; Pl. die -n 需求

Nachfrager der - 需求者

Nachfrageverhalten das -; Pl. die - 需求行为

nachhaltig 持续的，可持续的

Nachhaltigkeit die -; Pl. die -en 可持续性，可延续性

Nachkalkulation die -; Pl. die -en 事后核算

Nachlass der -; Pl. die Nachlässe 继承，降价，遗产，贴现

Nachlassverbindlichkeit die -; Pl. die -en 遗产债务

nachstehend 下面的，如下的，下述的

Nachteil der -; Pl. die Nachteile 劣势，缺点，不利

nachträglich 补充的，事后的，后来的

Nachweis der -; Pl. die -e 证据，凭据，证明

Nachzahlung die -; Pl. die -en	补款，补付款，加付
Nahrungsmittel das -; Pl. die -	粮食，食品，食物
Nahrungsmittelindustrie die -	食品工业
namenlos	无名的，不记名的
Namensaktie die -; Pl. die -n	记名股票
Namenspapier das -; Pl. die -e	记名证券
Namensrecht das -; Pl. die -e	姓名权
NASDAQ = National Association of Securities Dealers Automated Quotations	纳斯达克
Nationaleinkommen das -	国民收入，国民所得
Naturvolk das -; Pl. die Naturvölker	未开化民族，原始民族
Naturwissenschaft die -; Pl. die -en	自然科学，理科
natürliche Personen	自然人，个人
Nebenkosten kein Sg.; nur Pl. die -	附加费，杂费，水电费
Nebenrecht das -; Pl. die -e	从权，从法
Nennbetrag der -; Pl. die Nennbeträge	票面额
nennenswert	可称道的
Nennwert der -; Pl. die -e	

面值，票面价值，额定值

Nettobetrag　　der -; Pl. die Nettobeträge

净值，净额

Nettoeinkommen　　das -; Pl. die -　　净收入，纯收入
Nettoerlös　　der -; Pl. die -e　　纯收益，纯进款
Nettogehalt　　das -; Pl. die Nettogehälter

净得薪金，税后收入，税后工资

Nettogewinn　　der -; Pl. die Nettogewinne

纯利润，净盈利

Nettokasse　　die -; Pl. die -n　　现金净额
Nettoleistung　　die -; Pl. die -en　　净产值
Nettolohn　　der -; Pl. die Nettolöhne　　净工资
Nettoprofit　　der -; Pl. die -e　　纯利润，净盈利
Nettoproduktion　　die -; Pl. die -en　　净产量
Nettoproduktionswert　　der -　　净产值
Netzwerk　　das -; Pl. die -e　　网，网络
Neubau　　der -; Pl. die -ten　　新建筑，新房子
Neue Schekel　　以色列货币
Neueröffnung　　die -; Pl. die -en　　新开业，新开张
Neugründung　　die -; Pl. die -en

新成立，新设立，新创办

neutral	中性的，中立的
Nichtberechtigte der - oder die -	无权利人
Nichtigkeit die -; Pl. die -en	无效，无意义
niederig	矮的，低廉的
Niederiglohn der -; Pl. die Niederiglöhne	低工资，低薪酬
Niederiglohnland das -; Pl. die Niederiglohnländer	低工资国家，低工资区域
Niederiglohnsektor der -; Pl. die -en	低工资部门，低工资产业
niederschreiben	写下，记录下
Nießbrauch der -; kein Pl.	用益权
NOK = Norwegische Kronen die -	挪威克朗
nominal	票面的，空头的
Nominalkapital das -; Pl. die -ien oder die -e	名义资本
Nominalwert der -; Pl. die -e	票面面值，面值
Nominalwertbilanzen die -	以票面价值为基础制作的资产负债表
nominell	名义的，空头的
normineller Preis	虚价

Norm	die -; Pl. die -en	
		标准，基准，规范，通常情况
normalerweise		通常的，一般来说的，寻常的
Notar/in	der -/die -; Pl. die -e/die -nen	
		公证人，公正人
Notbedarf	der -	急需
Notenbank	die -; Pl. die -en	货币发行银行
Notierung	die -; Pl. die -en	
		标价，股票标价，记录下
Notstand	der -; Pl. die Notstände	
		紧急关头，紧急情况
Notweg	der -	紧急通道
Notwehr	die -; kein Pl.	自卫
notwendig		必然的，不可避免的
Nutzen	der -; Pl. die -	效用，效益，功能，好处
Nutzenentgang	der -; Pl. die -en	

（指国民经济中）在增加一种物品使用的情况下对另一种物品减少的使用

Nutzenmaximierung　　die -

　　　　　　　　　　利用最大化，使用最大化

Nutzenzuwachs　　der -; Pl. die Nutzenzuwächse

（指国民经济中）在放弃一种物品使用的情况下对另一种物品增加的使用

Nutzfläche   die -; Pl. die -n   使用面积，可用的区域

Nutzungsdauer   die -; Pl. die -n   使用期限

Nutzungsrecht   das -; Pl. die -e   使用权，用益权

Nutzungsvertrag   der -; Pl. die Nutzungsverträge
使用合同

O

Oberbegriff　　der -; Pl. die -e

　　　　　　　　　　大概念，总称，总括的概念

Objekt　　das -; Pl. die -e

　　　　　　　　　　物品，对象，目标，目标物

objektiv　　　　　　　　　　　客观的

Obligation　die -; Pl. die -en　　债券，证券，义务

Obligo　　das -; Pl. die -s　　　保证，责任，义务

Offene Fonds　　　　　　　　　开放式基金

Offenmarktpolitik　die -　　　　公开市场政策

offiziell　　　　　　　　　　正式的，官方的

Offshore - Investment　　das -　　　离岸投资

OHG = die Offene Handelsgesellschaft

　　　　　　　　　　　　无限责任商业公司

Oligopol　　das -; Pl. die -e　　　寡头垄断

Online-Banking　　das -; kein Pl.　　网上银行，网上理财

Online-Beratung　　die -; Pl. die -en

　　　　　　　　　　　　网上咨询，网络顾问

Online-Händler/in	der -/die -; Pl. die -/die -nen	网络交易商，网上贸易商
Online-Marketing	das -; kein Pl.	网络市场营销
Opportunitätskosten	kein Sg.; nur. Pl. die -	机会成本
optimal		最佳的，最优的
Optimierung	die -; Pl. die -en	最优化，最佳化
Option	die -; Pl. die -en	选择权，优选权，优选购买权，可能性
Optionsschein	der -; Pl. die -e	认购证明
ordentlich		正式的，正规的，有次序的，有条理的
Order	die -; Pl. die Ordern oder die Orders	订单，订购，指令
Order-Fertigung	die -; Pl. die -en	按订单生产
ordnungsmäßig		正式的
Organ	das -; Pl. die Organe	机构，机关，行政机构，器官
Organisation	die -; Pl. die -en	组织，机构，团体
Ortskrankenkasse	die -; Pl. die -n	地方医疗保险机构，地区医疗保险机关
öffentlicher Haushalt		政府财政预算
Öffentlichkeitsarbeit	die -; Pl. die -en	

	公关,公共关系
öffentlich-rechtliche	公开法律性的,公法的
öffentlich-rechtliches Kreditinstitut	公法的信贷机构
ökologisch	有机的,生态的
Ökonom/in der -/die -; Pl. die -en/die -nen	
	经济学家
ökonomisch	经济的,节俭的
Output der -	产出
Output-Lücke die -	产出缺口
Output-Rate die -; Pl. die -n	产出率
outsourcen	外包

P

Pacht die -; Pl. die -en	租赁，租借，租金
Pachteinkommen das -; Pl. die -	租赁收入，租金收入
Pachtvertrag der -; Pl. die Pachtverträge	租赁合同
Pachtzeit die -; Pl. die -en	租约时间
Pachtzins der -; Pl. die -en	地租
Packgut das -; Pl. die Packgüter	包装的货物
Palette die -; Pl. die -n	货盘，托盘，卡板
Parallelverschiebung die -; Pl. die -en	平行移动
Parameter der -; Pl. die -	参量，参数
Parkanlage die -; Pl. die -n	园林设施
partizipieren	分享，参加
Passiva die -	负债方，借方
Passivkonten die -	具有负债性质的账户，借方账户

P

Patent	das -; Pl. die -en	专利，专利权，专利证书
Patentamt	das -; Pl. die Patentämter	专利局
Patentrecht	das -; Pl. die -e	专利法，专利权
Partieproduktion	die -; Pl. die -en	批量生产的产品
Partizipation	die -	参加，参与
pauschal		大约的，笼统的
Pension	die -; Pl. die -en	退休金，养老金，旅店
Periode	die -; Pl. die -n	时期，期间
permanent		一贯的，长久的
Personalabbau	der -	裁减工作人员，裁员，减员
Personalaufwand	der -; Pl. die Personalaufwände	人事费用，人员花销
Personalausgaben	kein Sg.; nur Pl. die -	人事费用，人事花销
Personalkredit	der -; Pl. die -e	信用贷款
Personalkosten	kein Sg.; nur Pl. die -	人事成本，人员费用
Personalleitung	die -	人事管理

Personalnebenkosten kein Sg.; nur Pl. die -	工资附加费用
Personalwirtschaft die -	人事管理
Personengesellschaft die -	具有合作关系的公司，人合公司
Perspektive die -; Pl. die -n	观点，看法，展望，前途
Pfand das -; Pl. die Pfänder	押金，典当品，抵押品，担保物
Pfandgläubiger/in der -/die -; Pl. die -/die -nen	质权人
Pfandrecht das -; Pl. die -e	留置权，扣押法
Pfandvertrag der -; Pl. die Pfandverträge	抵押协议，抵押合同
Pflicht die -; Pl. die -en	义务，责任，职责
Pflichtenverhältnis das -	义务关系
Pflichtverletzung die -; Pl. die -en	不负责任，违背义务，失职

Pflichtversicherung die -; Pl. die -en	法定保险，义务保险，强制保险
Pfund Sterling das -	英镑
Phase die -; Pl. die -n	阶段，时期，周期
PIN = Personal Identification Number	个人识别码，密码
PKW = Personenkraftwagen der -	汽车，轿车，小车
Plakat das -; Pl. die -e	海报，宣传单，宣传画，广告画
plausibel	讲得通的，有道理的
Polarität die -; Pl. die -en	极性
Polsterung die -; Pl. die -en	填充，填上，装上
Portfolio das -; Pl. die -s	证券投资组合，企业或银行的有价证券
Portfoliomanagement das -; Pl. die -s	证券管理
Porto das -; Pl. die -s/die Porti	欠资，邮资，邮费
Positionierung die -; Pl. die -en	定位

Postbank die -	邮政银行
Posten der -; Pl. die -	一批，批量，岗位，职务，账款
potentiell	潜在的
PPS-System = Produktionsplanungs- und steuerungssystem	产品计划和操纵系统
PR. = Public Relations	公共关系
Praxis die -; Pl. die Praxen	实践，实际，运用
Präferenz die -; Pl. die -en	优惠，优先，优先选择
prägen	铸造
Prämie die -; Pl. die -n	奖金，奖赏，奖品，奖励，保费
Prämienlohn der -; Pl. die Prämienlöhne	奖励工资
Präsenz die -; Pl. die -en	出席
präzis	精确的，准确的
Preis der -; Pl. die -e	价格，价钱，物价，奖金，奖品
Preisanhebung die -	价格提高

Preisangabe	die -; Pl. die -n	报价
Preisangebot	das -; Pl. die -e	报价
Preisanstieg	der -; Pl. die -e	物价上涨，价格上升，涨价
Preisausschreiben	das -	有奖竞赛
Preisauszeichnung	die -; Pl. die -en	定价
Preisbildung	die -; Pl. die -en	价格构成，价格形成
Preisdifferenzierung	die -; Pl. die -en	价格区别，价格差异
Preiskartell	das -; Pl. die -e	价格协定，价格卡特尔
Preisliste	die -; Pl. die -n	价目表，价格表
Preismechanismus	der -; Pl. die Preismechanismen	价格机制
Preisnachlass	der -; Pl. Preisnachlässe	减价，折扣，降价
Preisniveau	das -; Pl. -s	价格水平
Preispolitik	die -; kein Pl.	价格政策

Preisschätzung	die -	估价
Preisschwankung	die -en	价格波动
Preissenkung	die -; Pl. die -en	降低价格，减价，降价
Preissteigerung	die -; Pl. die -en	价格上升，价格上涨
Preissteigerungsrate	die -; Pl. die -n	价格上涨率
Preisstopp	der -; Pl. die -s	价格冻结
Preisuntergrenze	die -; Pl. die -n	价格下限，价格不能超过的范围
preiswert		便宜的，物有所值的
primär		初级的，原始的
Primärbedürfnisse	die -	首要需求，第一需求
Primärforschung	die -; Pl. die -en	初级研究
primärer Sektor		第一产业，基础产业
primitiv		低级的，原始的
Printmedien	die -	印刷媒体
Privatbank	die -; Pl. die -en	私人银行，私有银行

Privatentnahme die -; Pl. die -n
私人提取，从个人所取出的款项

Privat Equity die - 私人股权

Privat-Equity-Investment das - 私人股权投资

Privatvermögen das -; Pl. die -
私有财产，私有财富

Privatwirtschaft die -; Pl. die -en
私营企业，私有经济

Privatwohnung die - 私人住宅，民房

Produkt das -; Pl. die -e 产品，制品

Produktanalyse die - 产品分析

Produktion die -; Pl. die -en
产品，产量，生产，制造

Produktionsablauf der -; Pl. die Produktionsabläufe
产品生产过程，产品生产运作

Produktionsanforderung die -; Pl. die -en
产品生产要求

Produktionsfaktor der -; Pl. die -en 生产因素

Produktionslinie die -	作业线
Produktionsmanagement das -	产品管理
Produktionsmenge die -; Pl. die -n	生产量，产量
Produktionsmittel die -	生产资料，生产工具
Produktionsort der -; Pl. die -e	生产地点
Produktionsprozess der -; Pl. die -e	生产流程，生产程序
Produktionsstätte die -; Pl. die -n	生产厂房，制造厂
Produktionsstufe die -; Pl. die -n	产品等级，生产阶段
Produktionswirtschaft die -; Pl. die -en	生产经济
Produktivitätserhöhung die -; Pl. die -en	生产率提高，生产效率增加
Produktivitätssteigerung die -; Pl. die -en	生产率提高
Produktlebenszyklus der -; Pl. die Produktlebenszyklen	产品生命周期

Produktpreis	der -; Pl. die -e	产品价格
Produzent/in	der -/die -; Pl. die -en/die -nen	生产厂商，制造者，生产者，监制
profitable		有益的，有利的
profitieren		受益，获利
prognostizieren		预测，预估
progressiv		渐进的，累进的
Projektleiter/in	der -/die -; Pl. die -; die -nen	项目主管，项目负责人
Projektmanagement	das -; Pl. die -s	项目管理
Pro-Kopf-Verbrauch	der -	人均消费
Prolongation	die -; Pl. die -en	延长，延期
Promille	das -; Pl. die -	千分率，千分比，千分之一
Promillesatz	der -	千分率，千分比
Propaganda	die -; kein Pl.	宣传，宣传活动
proportional		按比例的
Prospekt	der - oder das -; Pl. die -e	

价目单，广告单

Protest   der -; Pl. die -e   反对，抗议，异议

Provision   die -; Pl. die -en

佣金，折扣，手续费，中介费

Prozedere   das -; Pl. die Prozedere

程序，工序，手续

Prozent   das -; Pl. die -e

百分比，百分率，百分之一

Prozentpunkt   der -; Pl. die -e   百分点

Prozentsatz   der -; Pl. die Prozentsätze   百分率

prozentual   百分率的

Prozentrechnen   das -; kein Pl.

（商业计算方法中的）求百分比的计算

Prozess   der -; Pl. die -e   流程，过程，诉讼

Prozessablauf   der -; Pl. die Prozessabläufe

诉讼流程，诉讼程序

Prozesskosten   kein Sg.; nur Pl. die -

诉讼费用

Prozessüberwachung	die -; Pl. die -en	流程监控，过程监测
Prüfstelle	die -; Pl. die -n	检查站，检验站，审查处
Publikumfonds	der -; Pl. die -	共同基金
Publizitätspflicht	die -; Pl. die -en	公开义务
Puffer	der -; Pl. die -	缓冲剂
Pufferzeit	die -; Pl. die -en	缓冲时间
Pufferzone	die -; Pl. die -n	缓冲区域

Q

Quadratmeter　der -; Pl. die -	平方米
qualitativ	质变的
Qualität　die -; Pl. die -en	质量，品质
Qualitätsprüfung　die -; Pl. die -en	质量检查，质量合格鉴定
Qualitätssicherung　die -; Pl. die -en	质量保证
Qualitätssicherungssystem　das -; Pl. die -e	质量保障体系，质量安全系统
quantitativ	定量的
Quartal　das -; Pl. die -e	季度
Quartal(s)abschluss　der -; Pl. die Quartal(s)abschlüsse	季度结算，季度决算
Quartalsgewinn　der -	季度盈利
Querschnitt　der -; Pl. die -e	概括，综览
Quote　die -; Pl. die -n	份额，比率，指标，比值
Quotenkartell　das -; Pl. die -e	卡特尔
Quotierung　die -; Pl. die -en	报价

R

Rabatt der -; Pl. die -e	折扣，降价，打折
Rabattcoupon der -	优待券，优惠券
Rabattgewährung die -; Pl. die -en	打折扣许可，折扣准许
Rabattpolitik die -; Pl. die -en	折扣政策
Rabattmarke die -; Pl. die -n	优惠券，折扣券
Rabattschein der -; Pl. die -e	优惠券
Rahmen der -; Pl. die -	框架，范围，总纲
Rahmenbedingung die -; Pl. die -en	框架条件，总纲
Rahmenvereinbarung die -; Pl. die -en	协议总则
Rahmenvertrag der -; Pl. die Rahmenverträge	总协议
Rate die -; Pl. die -n	率，比率，分期付款的款项
rational	合理的，有理的，理性的
Rationalisierung die -; Pl. die -en	合理化

räumlich		空间的
Räumungsverkauf	der -; Pl. die Räumungsverkäufe	清仓出售
reagieren		响应，反应，应变
real		实际的，真实的
Reallohn	der -; Pl. Reallöhne	真实工资
Realsteuer	die -	实物税
Realwert	der -; Pl. die -e	实际价值
Realwertbilanzen	die -	表现真正价值的资产负债表
Rechenmethode	die -; Pl. die -n	计算方法
Rechenschaft	die -; kein Pl.	说明，解释，辩解，汇报
Rechenschaftsfunktion	die -; Pl. die -en	说明的作用，解释的作用
Rechenschaftslegung	die -; Pl. die -en	汇报，报告
Rechenschaftspflicht	die -	记账义务，记账责任
rechentechnisch		计算技术的
Rechnung	die -; Pl. die -en	账，账单，账目
Rechnungsabgrenzungsposten	die -	应计费用及递延收入

Rechnungsbetrag	der -; Pl. die Rechnungsbeträge	账单金额
Rechnungslegung	die -; Pl. die -en	会计系统，公布账目，账目报告
Rechnungswesen	das -; kein Pl.	会计学，会计制度
Rechtsanwalt/Rechtsanwältin	der -/die -; Pl. die Rechtsanwälte/die -nen	律师
Recht	das -; Pl. die -e	法律，法制，权利，正义
Rechtsberatung	die -; Pl. die -en	法律指导，法律建议
Rechtsbesitz	der -	合法占有
Rechtsfähigkeit	die -; Pl. die -en	权利能力
Rechtsform	die -; Pl. die -en	法律形式
Rechtsgeschäft	das -; Pl. die -e	法律行为，合法交易
Rechtshandlung	die -; Pl. die -en	法律行为
Rechtsmangel	der -; Pl. die Rechtsmängel	法律缺陷
Rechtsnachfolge	die -	权利继受
Rechtsnachfolger/in	der -/die -; Pl. die -/die -nen	

权利继承人，权利继受人
Rechtspflege die -; kein Pl. 司法
Rechtsprechung die -; Pl. die -en 裁判，司法
Rechtssicherheit die -; Pl. die -en
法律保障，法律安全性
Rechtsstreit der -; Pl. die -e
法律纠纷，法律争议，官司
Rechtsträger/in der -/die -; Pl. die Rechtsträger
权利人
Rechtsverfolgung die - 权利追夺
Rechtsverlust der - 权利丧失
Rechtsvorschrift die - 法律规定
rechtswidrig 不合法的，违法的，犯法的
Recycling das -; kein Pl.
重复利用，再生，废旧利用
redlich 诚实的，老实的，耿直的
Reduktion die -; Pl. die -en 降低，减少，还原
Reduzierung die -; Pl. die -en 减少
Refinanzierung die -; Pl. die -en 再融资，再筹资
Reform die -; Pl. die -en 改革，改良，变革
Regal das -; Pl. die -e 架子，置物架，搁板

Regalbediengerät	das -; Pl. die -e	货架服务机
Regaloptimierung	der -; Pl. die –en	对货架进行优化
Regel	die -; Pl. die -n	法规，条例，规则，规程，规定
regelkonform		按照规章的
regelmäßig		有规律的，合乎规则的
Regeneration	die -; Pl. die -en	再生，再生作用
Region	die -; Pl. die -en	区域，地区，地带，领域
regional		地域的，地区的，区域的
reibungslos		顺利的，平安的
Reichtum	der -; Pl. die Reichtümer	财富，富裕
Reifephase	die -; Pl. die -n	成熟阶段
Reihe	die -; Pl. die -n	顺序，序列
Reihenfertigung	die -; Pl. die -en	系列产品
Reinvermögen	das -; Pl. die -	净资产，纯资产
Reklamation	die -; Pl. die -en	投诉，要回，索回
Rekrutierung	die -; Pl. die -en	招聘
relevant		重要的，重大的
Rendite	die -; Pl. die -n	红利，利率，利润率，收益率

R

Rentabilität	die -; kein Pl.	资本增值率，盈利性
Rente	die -; Pl. die -n	退休金，养老金
Rentenalter	das -; Pl. die -	退休年龄，晚年
Rentenfonds	der -; Pl. die -	养老基金
Rentenschuld	die -; Pl. die -en	定期地产债务
Rentenversicherung	die -; Pl. die -en	养老保险，退休保险
Reparaturkosten	kein Sg.; nur Pl. die -	维修费用
Reporting	das -	报道，报告
Reserve	das -; Pl. die -n	储备金，储存，备用，储备（物资）
reservieren		订，预订，保留
residual		残留
Ressourcen	die -	资源
Restposten	der -; Pl. die -	尾货，余货
Restriktion	die -; Pl. die -en	制约，消减，约束，限制
Restzahlung	die -; Pl. die -en	支付余款，剩下的款项
resultieren		由……造成或引起，产生于
retour		返回地

retrograd		倒退的
Revenue	die -	收入
revidieren		修正，修改，更正
Richtwert	der -; Pl. die -e	标准值
riesig		巨大的，特大的，巨型的
Risiko	das -; Pl. die Risiken	风险，危险
Risikostreuung	die -; Pl. die -en	风险分散
Risikoverteilung	die -; Pl. die -en	风险分摊
robust		扎实的，稳固的，健壮的
Rohgewinn	der -; Pl. die -e	毛利
Rohstoff	der -; Pl. die -e	原料，原材料
Rollenbahn	der -; Pl. die -en	由滚筒组成的运输机
Ruhrgebiet	das -; kein Pl.	鲁尔（工业）区
RUR = Rubel	der -; Pl. die -	（俄罗斯货币）卢布
Rückgabe	die -; Pl. die -n	返还，退还，归还
Rückgabegarantie	die -; Pl. die -n	退货保险，退货保证
Rückkauf	der -; Pl. die Rückkäufe	回购，赎回
Rücklage	die -; Pl. die -n	准备金，储备金
Rückruf	der -; Pl. die -e	唤回，召回，回电，回拨
Rückseite	die -; Pl. die -n	后面一页，反面

Rücksicht	die -; Pl. die -en	照顾，考虑
Rückstellung	die -; Pl. die -en	准备金
Rückwirkung	die -; Pl. die -en	反作用
Rückzahlung	die -; Pl. die -en	偿还款，偿债，退款

S

Sachanlage die -; Pl. die -n	有形资产
Sachanlagen die -	固定资产（设备等）
Sache die -; Pl. die -	任务，东西，事件，物件，情况
Sachenrecht das -; Pl. -e	物权法
Sachkapital das -; Pl. die -ien	实物资本
Sachkapitalbildung die -; Pl. die -en	实物资本的构成，实物资本的形成
Sachleistung die -; Pl. die -en	实物支付，实物资助
Sachmangel der -; Pl. die Sachmängel	物的缺陷，物的不足
Sachverhalt der -; Pl. die -en	事情，事实，实情，真相，案件
Sack der -; Pl. die Säcke	包，袋子，口袋

Saisonausverkauf	der -	季末大减价
Saisonpreis	der -; Pl. die -e	根据季节而定的价格
Saisonrabatt	der -; Pl. die -e	季节性折扣
Saldo	der -; Pl. die -s oder die Salden oder die Saldi	差额，余额，收支顺差
Sammelstelle	die -; Pl. die -n	集散地，堆放处
Sanierung	die -; Pl. die -en	整顿，整治，治理，清理
Satzung	die -; Pl. die -en	规章，法规，章程，条例
satzungsmäßig		依照章程的，依照法令的，法定的
Sättigung	die -; Pl. die -en	饱和，饱和度
Sättigungskurve	die -	饱和曲线
Sättigungsphase	die -; Pl. die -n	饱和阶段，饱和状态
Säuberung	die -; Pl. die -en	净化，打扫干净
Säule	die -; Pl. die -n	柱，柱子，支柱，圆柱
Selbstverständlich		理所当然的，显然的，不言而喻的

Schadensanzeige die -; Pl. die -n	损伤通知书，损失通知书
Schadenersatz der -; kein Pl.	赔偿
Schadenersatzpflicht die -; Pl. die -en	赔偿义务
Schadensbearbeitung die -; Pl. die -en	对损失进行处理工作
Schadensregulierung die -; Pl. die -en	损失理算
Schattenwirtschaft die -	灰色经济，影子经济，非正式经济
Schädigung die -; Pl. die -en	损害，受损
Schätzung die -; Pl. die -en	估计，预测，估值，猜想
Schätzungswert der -; Pl. die -e	鉴定价值，估定价值
Schaum der -; Pl. die Schäume	泡沫，聚氨酯泡沫
Scheck der -; Pl. die -s	支票，汇票
Scheidung die -; Pl. die -en	离婚，分离
Schenkung die -; Pl. die -en	捐赠，礼物
Schenkungsbrief der -; Pl. die -e	捐赠信

Schenkungsurkunde	die -; Pl. die -en	赠与证明书，赠与权证
Schiff	das -; Pl. die -e	船，轮船
Schiedsverfahren	das -; Pl. die -	仲裁程序
Schikaneverbot	das -; Pl. die -e	禁止刁难
Schluss	der -; Pl. die Schlüsse	终结，结束，完结，结局
Schlussbilanz	die -; Pl. die -en	年终结算，期末的资产负债表
Schlussverkauf	der -; Pl. die Schlussverkäufe	大减价，大拍卖，大甩卖
Schmerzensgeld	das -; Pl. die -er	抚慰金，损失补偿金
Schnäppchenpreis	der -	很便宜的价格，贱价
Schnitt	der -; Pl. die -e	平均值，口子
Schnittstelle	die -; Pl. die -n	接口，端口，交接点
schräg		斜方的
Schriftform	der -; Pl. die -en	书面形式
schrittweise		逐步地，渐渐地

schrumpfen	收缩，萎缩
Schufa-Auskunft die -; Pl. die Schufa-Auskünfte	银行评估机构出具的个人信用证明
Schuld die -; Pl. die -en	债款，债务
Schulden nur Pl. die -	欠款，欠债，欠账
Schuldner/in der -/die -; Pl. die Schuldner/die -nen	债务人，负债者
Schuldrecht das -; Pl. die -e	债务法
Schuldschein der -; Pl. die -e	债券，借据，欠条，欠单
Schuldverhältnis das -; Pl. die -se	债务关系
Schuldverschreibung die -; Pl. die -en	债券
Schwachstelle die -; Pl. die -n	弱点，短处，破绽
schwanken	波动，摆动，动摇
Schwarzgeld das -; Pl. die -er	黑钱，非法钱财
schweben	漂浮，悬浮，飘动
Schwerindustrie die -; Pl. die -n	重工业
Schwund der -; kein Pl.	减少，缩减，萎缩
SEK = Schwedische Kronen die -	瑞典克郎

Sekundärbedürfnisse	die -	次级需求
Sekundärforschung	die -; Pl. die -en	次级研究
Selbstfinanzierung	die -	自筹资金
Selbstkosten	kein Sg.; nur Pl. die -	成本
Selbstverwirklichung	die -; kein Pl.	自我实现
Selbstwertgefühl	das -; Pl. die -e	自我价值，自爱，自重
Senior/in	der -/die -; Pl. die -/die -nen	老人，年长者，老资格
senkrecht		垂直的，直立的
Serie	die -; Pl. die -n	组，套，系列，成批，连续
Seriennummer	die -; Pl. die -n	编号，机身编号
Serienproduktion	die -; Pl. die -en	成批生产，连续制造
Servicegrad	der -; Pl. die -e	服务等级，服务级别
SGB = Sozialgesetzbuch	das -; Pl. die Sozialgesetzbücher	社会福利法律汇编，社会法典
Shoppen	das -; kein Pl.	购物
Sicherheit	die -; Pl. die -en	

Sicherung die -; Pl. die -en 担保，抵押品，证券，押金安全，保安

抵押品，维护，保护，保障，保证，安全

Sichtbarmachung die - 可视化

Sichteinlage die -; Pl. die -n 活期存款

Sichtweise die -; Pl. die -n 观点，见解，目光

simultan 同时的

Sitz der -; Pl. die Sitze 住处，位置，所在地，座位

skeptisch 怀疑的

Skonto der - oder das -; Pl. die Skonti oder die Skontos 付现折扣

sogenannt 所谓的，通常所说的

Solidarprinzip das - 社会互助原则

Solidaritätszuschlag der -
德国统一后，西德纳税人资助东德建设缴纳的税，团结税

Soll das -; kein Pl. 债务方，借方，定额，指标

Sollbestand der -; Pl. die Sollbestände
账面盘存，应该有的存货

Sollseite	die -; Pl. die -n	借方，收方
Sollwert	der -; Pl. die -e	目标值，应有值
Sonderangebot	das -; Pl. die -e	特价供应，贱价
Sonderausgabe	die -; Pl. die -n	特殊支出，特别开支，特别版本
Sonderbilanz	die -; Pl. die -en	特殊的资产负债表，特殊的收支平衡表
Sorgfaltspflicht	die -; Pl. die -en	注意义务
Sonderform	die -; Pl. die -en	特殊形式
Sondergut	das -; Pl. die Sondergüter	特有财产
Sonderposten	der -; Pl. die -	特殊项目
Sonderprämie	die -; Pl. die -n	特殊奖金，特别奖励
Sondervermögen	das -; Pl. die -	特别财产，特殊资产
Sorten	die -	（只用于银行中）外币中的纸币和硬币的统称
Sortiment	das -; Pl. die -e	种类，品种，花色，货色

Sozialabgaben　Pl. die -	社会保险费
Sozialhilfe　die -; Pl. die -n	社会救济
Sozialleistung　die -; Pl. die -en	社会福利金，社会福利基金
Sozialpädagogik　die -; kein Pl.	社会教育学
Sozialverfassung　die -	社会基本法
Sozialversicherungsbeiträge　die -	社会保险费
Sozialwissenschaft　die -; Pl. die -en	社会学
Sozialwissenschaften　die -	社会科学
Sozialwissenschaftler/in　der -/die -; Pl. die -/die -nen	社会科学家
Sozialwohnung　die -; Pl. die -en	社会福利房
Spaltung　die -; Pl. die -en	分化，分裂，裂变
Spanne　die -; Pl. die -n	幅度
Sparbuch　das -; Pl. die Sparbücher	存折，储蓄存折
Spareinlage　die -; Pl. die -n	存款，储蓄额，储蓄存款
sparen	节约，节省，存钱，储蓄

Sparkasse	die -; Pl. die -n	储蓄银行，储蓄所
Sparkonto	das -; Pl. die Sparkonten oder die Sparkontos oder die Sparkonti	储蓄账户
Sparquote	die -; Pl. die -n	储蓄率
Sparsamkeit	die -; Pl. die -en	节省，节俭
Sparverhalten	das -; Pl. die -	节约行为，储蓄行为
Spekulation	die -; Pl. die -en	投机，投机买卖，炒卖
sperren		冻结，封锁
Spesen	Pl. die -	费用
Spezialfonds	der -; Pl. die -	专项基金
Spezialist/in	der -/die -; Pl. die -en/die -nen	专业人才，专家，专员
Spitzentechnologie	die -; Pl. die -	高端科技
Sponsoring	das -; kein Pl.	赞助
spontan		自发的，不由自主的
Spread	der -; Pl. die -s	差幅
sprunghaft		飞跃的，急剧的
spüren		感到，感觉，感受

Staatsanleihen die -	国家债券，公债，国家公债
Staat der -; Pl. die -en	政府，国家，公家
Staatengemeinschaft die -; Pl. die -en	国家共同体
staatlich	政府的，国家的
Staatsausgaben Pl. die -	国家支出
Staatshaushalt der -; Pl. die -e	国家预算，国家财政预算，财政
Staatskredit der -; Pl. die -e	国家贷款
Stabilität die -; Pl. die -en	安定，坚固，稳定性，坚固性
Stadtverwaltung die -	市政管理局，城市管理当局，市行政机构
Stahlwerk das -; Pl. die -e	钢铁厂，炼钢厂
Stammaktie die -; Pl. die -n	原始股票，普通股票
Stammeinlage die -; Pl. die -n	原始投资，注册资本
stammen	来自，出自，源于，发源于
Stammkapital das -; Pl. die -ien oder die -e	原始资本，股本，本金

Stammkunde/Stammkundin	der -/die -; Pl. die -n/die -nen	老顾客，常客
Standard	der -; Pl. die -s	标准，规范，水平
Standard & Poor's		标准普尔
Standesamt	das -	婚姻登记处，民政局
Standard Chartered		渣打银行
Standort	der -; Pl. die -e	厂址，所在地，方位，位置
Standortwahl	die -	厂址选择
Stapelung	die -; Pl. die -en	堆叠
Stapler	der -; Pl. die -	臂叉车，铲车，叉车
statisch		静止的，静态的，静力的，静力学的
Statistik	die -; Pl. die -en	统计，统计学，统计图，统计表，数据
Status	der -; Pl. die -	身份，状况，现状
steigen		增长，上升，提高
Stellungnahme	die -; Pl. die -n	观点，看法，意见，表态，发表观点
stetig		稳定的，持续不断的

Steuer die -; Pl. die -n

税，税收，税法，税款，方向盘

Steuerbegünstigung die -; Pl. die -en 纳税优惠

Steuerbelastung die - 纳税额

Steuerberater/in der -/die -; Pl. die -/die -nen

税务顾问

Steuerbetrag der -; Pl. die Steuerbeträge

税额，税款

Steuerbilanz die -; Pl. die -en

税款结算，根据税法制作的资产负债表

Steuereinnahmen Pl. die - 税收

Steuererhebung die -; Pl. die -en 征税

Steuergesetz das -; Pl. die Steuergesetze 税法

Steuerhinterziehung die - 偷税漏税，骗税，逃税

Steuerkosten kein Sg.; nur Pl. die - 税费

steuerlich 税的

Steuerminderung die - 减税

Steuernachzahlung die -; Pl. die -en

补税，补缴税款

S

Steuerpolitik die -; kein Pl.	税务政策
Steuerquote die -; Pl. die -n	税率
Steuersatz der -; Pl. die Steuersätze	税率
Steuerschuld die -; Pl. die -en	税收债务，欠债
Steuersystem das -; Pl. die -e	税收体系，税收制度，税制
Steuerverwaltung die -	税务管理
Steuerzahler/in der -/die -; Pl. die -/die -nen	纳税人，纳税者
Stichprobe die -; Pl. die -n	抽样，采样
Stichpunkte Pl. die -	提纲，纲要
Stichtagsrechnung die -	在基准日的计算，定期的计算
stiften	创办，创立，捐赠
Stiftung die -; Pl. die -en	基金会，捐款，捐助
stilistisch	文体的
still	静的，平静的，宁静的
stiller Gesellschafter/stille Gesellschafterin der -/die -	隐名合伙

Stilllegung die -; Pl. die -en	搁置，退役
stillschweigen	缄默，沉默不语
Stillstand der -; Pl. die Stillstände	停顿，停止，中止
stillstehen	停止，停顿
Stimmrecht das -; Pl. die -e	表决权，参政权，投票权
Strafversprechen das -	处罚承诺
Strategie die -; Pl. die -n	战略，策略
Stromkosten kein Sg.; nur Pl. die -	电费
Strukturwandel der -; Pl. die -	结构转变，结构变化
Studententarif der -	学生价格
Stückkosten kein Sg., Pl. die -	计件成本
Stückliste die -; Pl. die -n	部件表，零件表
Stückzahl die -; Pl. die -en	计件，件数，件号
Styropor das -; kein Pl.	泡沫塑料
Substanz die -; Pl. die -en	财产，资产，资本，实质，物质

Substitution	die -; Pl. die -en	代理，代替，交换，替换，取代
Substitutionsgüter	die -	替代物，取代品
Subtrahieren	das -; kein Pl.	减，减去，减法
Subvention	die -; Pl. die -en	津贴，补贴，国家补助
sukzessiv		逐渐的，渐渐的
Sukzessivlieferungsvertrag	der -	分批供货合同
summarisch		总括的
Summe	die -; Pl. die -n	总计，合计，金额，款项，总额
Supermarktkette	die -; Pl. die -n	超市连锁
Supply Chain Analyse	die -	供应链分析
Supply Chain Controlling	das -	供应链控制
Supply Chain Design	das -	供应链设计
Supply Chain Management	das -	供应链管理
Supply Chain Operation	die -	供应链运作
Syndikat	das -; Pl. die -e	辛迪加，企业联合组织，犯罪组织

System   das -; Pl. die -e
  系统，系统性，体系，体制，调理，进位制
Systematisierung   die -; Pl. die -en   系统化，系统性
Szenario   das -; Pl. die Szenarien
  方案，推测的情况，猜测的情形

T

Tabellenform die -; Pl. die -en	表格的形式
Tagesgeld das -; Pl. die -er	每天补贴
Tagesgeschäft das -; Pl. die -e	日常业务
Tagesumsatz der -; Pl. die Tagesumsätze	日销售额
taktisch	战术的
Taktzeit die -; Pl. die -en	周期,周期时间
Tarif der -; Pl. die -e	收费标准,价目表,工资表,税
Tarifabschluss der -; Pl. die Tarifabschlüsse	缔结工资协定,签署工资协定
Tariferhöhung die -; Pl. die -en	提高收费标准
Tariflohn der -; Pl. die Tariflöhne	协定工资,劳资协定规定的工资
Tarifkommission die -; Pl. die -en	劳资协定委员会
Tarifpolitik die -; kein Pl.	工资政策

Tarifrecht	das -; Pl. die -e	劳资合同法
Tarifrunde	die -; Pl. die -n	劳资双方进行的磋商或谈判
Tatsachenforschung	die -	对实际情况进行的研究分析
Tausch	der -; Pl. die -e	交换，互换
Tauschmittel	das -; Pl. die -	交换手段
Tauschwirtschaft	die -; Pl. die -en	物物交换经济
Technik	die -; Pl. die -en	技术，技能，工程
technisch		技术性的，技能的
Technologie	die -; Pl. die -n	技术，工艺，工艺学
Teilausschnitt	der -; Pl. die -e	部分
Teilgebiet	das -; Pl. die -e	部分区域，部分地区
Teilhaber/in	der -/die -; Pl. die -/die -nen	股东，共同经营者，共有人，合伙人
Teilhaberschaft	die -	合伙关系，合股关系，合营关系
Teilkosten	kein Sg.; nur Pl. die -	部分费用
Teilkostenrechnung	die -	

部分成本核算（一般指对可变成本的核算）

Teilleistung　die -; Pl. die -en

部分成绩，部分给付，分部工程，分部项目

Telefonverkauf　der -; Pl. die Telefonverkäufe

电话购物

Teleshopping　das -; kein Pl.　电视购物，电视商店

teilweise　部分的，局部的

Teilzahlungsgeschäft　das -; Pl. die -e　部分付款交易

Termin　der -; Pl. die -e　日期，限期

Terminbörse　die -; Pl. die -n　期货交易所

tertiärer Sektor　第三产业

temporär　临时的，暂时的

Testbericht　der -; Pl. die -e　测试报告

teuer　贵的，昂贵的

Teuerungsrate　die -; Pl. die -n　物价上涨率

Textilien　Pl. die -　纺织品，纺织物

Textilindustrie　die -; Pl. die -n　纺织工业

teuer　昂贵的

Tiefstand　der -; Pl. die Tiefststände　低水平

Tilgung   die -; Pl. die -en

偿还，偿债，清偿，还款额，清偿

Tochterunternehmen   das -; Pl. die -   子公司

Todesfall   der -; Pl. die Todesfälle

有人去世的情况，丧事

Totalschaden   der -; Pl. die Totalschäden

完全报销，彻底损坏，完全损失

Tourismusausstellung   die -   旅游展

Transaktion   die -; Pl. die -en

交易，交易事项，金融交易

Transfereinkommen   das -   政府津贴收入

Transformation   die -; Pl. die -en

转化，转换，转型，转变，变化

Transparenz   die -; kein Pl.   透明度

Transport   der -; Pl. die -e   运输，运载，运送

Transportkosten   kein Sg.; Pl. die -   运输费用

Transportmittel   das -; Pl. die -   运输工具，载体

Transportmitteleinsatzplanung   die -; Pl. die -en

运输工具投入计划

Transportversicherung　die -	运输保险
Transportwagen　der -; Pl. die -	运输车辆，搬运车
Transportwesen　das -; kein Pl.	运输业
Trauung　die -; Pl. die -en	婚礼
treu	忠诚的，衷心的
Trust　der -; Pl. die -s	信托，托拉斯
TQM = Total Quality Management	全面质量管理

U

Umfang　　der Umfang; Pl. die Umfänge	范围，规模，容量，周长
umfangreich	广泛的，广阔的
umgeben	环绕，围绕
Umgehung　　die -; Pl. die -en	规避，回避
umkehren	返回，折回
Umlauf　　der -; Pl. die Umläufe	循环，流通，流转，周转，运行
Umlaufintensität　　die -	（资金的）流动强度
Umlaufvermögen　　das -; Pl. die -	流动资产
umrechnen	换算，折算
Umrechnungskurs　　der -	汇兑率，折算率
Umsatz　　der -; Pl. die Umsätze	营业额，流转额，销售
Umsatzerlös　　der -; Pl. die -e	营业额收益，销售利润
Umsatzrisiken　　die -	销售风险

Umsatzstatistik   die -; Pl. die -en   销售额统计，营业额统计

Umsatzsteigerung   die -   销售增加

Umsatzsteuer   die -; Pl. die -n   营业税，流转税

Umschichtung   die -   结构改变，重组

Umschlag   der -; Pl. die Umschläge   周转，吞吐，信封

Umschreibung   改写，迂回的说法

Umsetzung   die -; Pl. die -en   实现，执行

Umsetzungsziel   das -   执行目标

umstellen   转换，折算，适应

umstritten   有争论的，备受争议的

Umstrukturierung   die -; Pl. die -en   重组，改组，改变结构，体制改革，企业重组

umtauschen   交换

Umtauschrecht   das -; Pl. die -e   退换权

Umverteilung   die -; Pl. die -en   再分配，重新分配

Umwandlung   die -; Pl. die -en   转型，转换，变革，变换

Umweltbelastung   die -   环境负担

umweltfreundlich   环保的

Umwelthaftung   die -; Pl. die -en   环境责任

umweltschädlich	对环境有害的
Umweltschutz der -	环境保护
Unabdingbarkeit die -	不可更易性
unbefristet	无期限的
unentgeltlich	免费的，无偿的
unerlässlich	不可免除的，不可缺少的
unfertige Erzeugnisse die -	半成品
ungerade Verhältnisse die -	（商业计算中的）反比关系
ungewiss	不确定的，不明确的
ungleich	不平等的，不同的，不等的
unlauter	不公平的，不诚实的
unmittelbar	直接的，紧靠的，紧接着的，立刻的
unrecht	不是真实的，假的
unsicher	不确定的
Unsicherheit die -; Pl. die -en	不确定性，没有安全感
unstetig	不连续的，中间有中断的
Unterbeschäftigung die -	就业不足
Unterbrechung die -; Pl. die -en	中断，停顿
untereinander	互相地
Unterhalt der -; kein Pl.	生活费用，生计，赡养

Unterhaltskosten	kein Sg.; nur Pl. die -	生活费用，赡养费
Unterhaltspflicht	die -	赡养义务
Unterhaltszahlung	die -; Pl. die -en	抚养费，赡养费
unterkommen		找到位子
Unterlassung	die -; Pl. die -en	不履行，不实行，不作为
unterliegen		放在下面
Untermiete	die -; Pl. die -n	转租房
Unternehmen	das -; Pl. die -	企业，公司，事业，商号
Unternehmensberater/in	der -/die -; Pl. die -/die -nen	企业顾问，公司顾问
Unternehmensform	die -	企业组织，企业形式
Unternehmensleitung	die -	上级，企业领导
Unternehmensrisiko	das -	企业风险
Unternehmergewinn	der -	企业盈利，经营利润
Unternehmerlohn	der -	企业家工资，企业员工工资
Unterscheidung	die -; Pl. die -en	区别，分别，辨别

Unterschreitung die -; Pl. die -en	没超过限定，低于限定
Untersuchung die -; Pl. die -en	调查，考察，研究，审查
Untersuchungsgebiet das -; Pl. die -e	研究范围，考察领域，研究区域
Unterteilung die -; Pl. die -en	分区，细分，划分，分级，分类
Unterversorgung die -	供不应求
unterwerfen	征服，屈服
unterwertig	低值的
unübersichtlich	看不清楚的，不清晰的
Unvernunft die -; kein Pl.	无理性，不合理性
unvollkommen	不完善的，不完美的，有缺陷的
unvorhersehbar	不可预见的，不可预料的
unwiderruflich	不可撤销的，不可更正的，不可改变的
Unwirksamkeit die -; Pl. die -en	无效
unzählig	数不清的，很多的
Unzulässigkeit die -; Pl. die -en	不允许，禁止
Überalterung die -; Pl. die -en	老化，陈旧
Überangebot das -; Pl. die -e	供过于求

U

Überbau der -; Pl. die -ten	越界建筑
Überbewertung die -; Pl. die -en	过高评估
Überblick der -; Pl. die -e	综观，概观
Überbringer/in der -/die -; Pl. die -/die -nen	转达人，送交者，转达者
Überbrückung die -; Pl. die -en	过渡
Überbrückungshilfe die -	过渡性的救助
überdurchschnittlich	超出平均水平的
Übereignung die -; Pl. die -en	转让
übereinstimmen	符合，一致，相符
Überfluss der -; kein Pl.	富裕，有多余
überfordern	对……要求过高，对……过分要求
Überführung die -; Pl. die -en	转换
Übergabe die -; Pl. die –n	交出，交付，移交，让出
Übergang der -; Pl. die Übergänge	过渡，通道
Überlassung die -; Pl. die -en	转让
übermäßig	过分的，过度的
Übernahme die -; Pl. die -n	收购，接管，承担，接收
Überproduktion die -; Pl. die -en	生产过剩，生产过量

Überredung die -; Pl. die -en	劝服，说服
überschneiden	重叠，交叉
Überschreitung die -; Pl. die -en	超过，越过，逾越
Überschuldung die -; Pl. die -en	资不抵债，负债过度
übersteigen	超过
Übertragung die -; Pl. die -en	转账，传输，转让，传播，传送
übertreffen	超过，超越
Überwachung die -; Pl. die -en	监控，监测，监督
Überweisung die -; Pl. die -en	转账，汇款，转诊
Überziehungskredit der -	透支贷款，透支信贷
Umgestaltung die -; Pl. die -en	变革，转型，变形
umparken	把……停在别处，把……移放到其他地方
Umsatzprovision die -	销售佣金，销售回扣
Umstand der -; Pl. die Umstände	情况，状况
Unfallversicherung die -	对发生意外进行的保险，意外险
ungünstig	不适宜的
unproduktiv	无效果的，贫瘠的
Unterkategorie die -; Pl. die -n	分门类的

Unternehmensverbund	der -	企业联合会
unterproportional		反比例的
Unwirksamkeit	die -; Pl. die -en	无效，不起作用
Urkunde	die -; Pl. die -n	执照，证书，单据，权证
US- Dollar	der -	美元

V

Valuta die -; Pl. die Valuten	起息日，外汇，外币，币值
variabel	可变的，多变的，易变的
Variante die -; Pl. die -n	变量，变值
Vaterschaft die -; Pl. die -en	父系，父亲身份
VDI = Verein Deutscher Ingenieure	德国工程师协会
Verallgemeinerung die -; Pl. die -en	概括
verankert	固定的
Veranlagung die -; Pl. die -en	确定税额，资质，投资
veranlassen	发起，使发生
verändern	改变，更改，变更，变化
Veranstaltung die -; Pl. die -en	活动，庆典
Veräußerung die -; Pl. die -en	剥离，卖出
verantwortlich	负责任的
Verband der -; Pl. die Verbände	

		协会，联合会，联盟
verbessern		增进，改进，提高
Verbesserung	die -; Pl. die -en	改善，变好
Verbindlichkeiten	kein Sg.; nur Pl. die -	
		债务，欠账，亏空
verbleiben		剩余，剩下，商定，确定
Verbraucher/in	der -/die -; Pl. die -/die -nen	
		消费者，消费单位，用户
Verbraucherinsolvenz	die -; Pl. die -en	消费者破产
Verbraucherpreisindex	der -	
		消费品价格指数，消费者物价指数
Verbraucherzentrale	die -	
		消费者协会，消费者委员会
Verbrauchsgut	das -; Pl. die Verbrauchsgüter	
		消费品，日用品
Verbrauchsgüterkauf	der -	消费品买卖
Verbrauchsmenge	der -	消耗量
Verbreitung	die -; Pl. die -en	分散，扩散
verbriefen		书面确认
Verbriefung	die -; Pl. die -en	证券化
verbuchen		记录入账，挂失

Verderben	das -; kein Pl.	厄运，毁灭，腐败
verdorben		腐朽的，腐化的，变质的
verdrängen		驱逐，排挤，压抑
vereinbaren		商定，约定，预约
verdeckt		隐蔽的，遮掩的
verdeutlichen		说明，解释，使明了
verdoppeln		使加倍，使翻一番
Verein	der -; Pl. die -e	协会，联谊会，团体，社团
vereinbaren		达成，商定，立定，约定
vereinfachen		简单，简单化
Verfahren	das -; Pl. die -	程序，诉讼程序，做法，方法，流程
Verfahrenstechnik	die -	程序工程
Verfall	der -; kein Pl.	没落，衰退，时效，到期
Verfallsphase	die -	衰退阶段，衰退时期
Verfälschung	die -; Pl. die -en	造假，弯曲
Verfassung	die -; Pl. die -en	宪法
Verfassungsschutz	der -	保护宪法
Verfolgungsrecht	das -	追诉权
verfügbar		可用
Verfügung	die -; Pl. die -en	

规定，命令，支配，利用，使用

Verfügbarkeit　　die -; Pl. die -en　　可利用性

Verfügbarkeitsprüfung　　die -

可利用性检查，实用性检查

vergeben　　　　　　　　分配，给予，安排，分给

vergleichen　　　　　　　　比较，对照，对比

vergleichbar　　　　　　　　类似的，可比的

Vergleichbarkeit　　die -; Pl. die -en　　可比性

Vergütung　　die -; Pl. die -en

待遇，工作报酬，工钱，改善

Verhalten　　das -; Pl. die -en　　作为，行为，举止

Verhältnis　　das -; Pl. die -se

对比，关系，比率，比例

Verhandlung　　die -; Pl. die -en

审理，谈判，协商，商谈

Verjährung　　die -; Pl. die -en　　时效，法律追诉期

Verjährungsfrist　　die -

法律追诉时限，时效期，追述期

Verkauf　　der -; Pl. die Verkäufe　　销售，出售，售货

verkaufen　　　　　　　　　　出售，卖出

Verkaufsangestellte　　der -/die -; Pl. die -n

		销售员工，销售人员
Verkaufsartikel	der -; Pl. die -	销售的商品
Verkaufsfläche	die -; Pl. die -n	
		销售面积，销售场地
Verkaufsförderung	die -	销售规划，促销
Verkaufsgebiet	das -; Pl. die -e	销售区域
Verkaufskurs	der -; Pl. die -e	
		卖出时的汇率，出售时的汇率
Verkaufsraum	der -; Pl. die Verkaufsräume	
		商品销售处
Verkaufspreis	der -; Pl. die -e	销售价格，卖价
Verkaufsstelle	die -; Pl. die -n	销售点，销售处
Verkäufer/in	der -/die -; Pl. die -/die -nen	
		卖方，出售方，售货员
Verkäufermarkt	der -; Pl. die Verkäufermärkte	
		卖方市场
Verkersbetrieb	der -; Pl. die -e	交通企业
verkehrsgünstig		交通方便的
Verkehrsinfrastruktur	die -; Pl. die -en	
		交通基础设施
Verkehrsmittel	das -; Pl. die -	交通工具

Verkehrsnetz das -; Pl. die -e	交通网络
Verkehrswirtschaft die -; Pl. die -en	交通经济
Verkettung die -; Pl. die -en	联结
verknappen	紧缩
Verkürzung die -; Pl. die -en	缩短
Verlagerung die -; Pl. die -en	移位，搬迁
verlangen	要求，讨价
Verlängerung die -; Pl. die -en	延长，延迟
Verlegung die -; Pl. die -en	转移，改期
Verlierer/in der -/die -; Pl. die -/die -nen	输家，失败者
Verlosung die -; Pl. die -en	抽签，抽奖，抽彩
Verlust der -; Pl. die -e	损失，亏损，丢失，丧失
Verlustvortrag der -; Pl. die Verlustvorträge	亏损结转
Verlustzone die -; Pl. die -n	损失区域
Vermarktung die -; Pl. die -en	投放市场
vermehrt	增加的
vermeiden	避免，回避
vermieten	出租，租
Vermieter/in der -/die -; Pl. die -/die -nen	

出租人，出租者，房东
vermindern 减少，减低，降低
Vermischung   die -; Pl. die -en 混合
Vermittler/in   der -/die -; Pl. die -/die -nen
经纪人，介绍人，调解人
Vermögen   das -; Pl. die -
资产，财产，能力，产业
Vermögensanlage   die -; Pl. die - 财富
Vermögensaufbau   der - 资产构建
Vermögensbildung   die - 资产累积，置产
Vermögensgegenstand   der -; Pl. die
Vermögensgegenstände 作为资产的物件，资产
Vermögensstruktur   die -; Pl. die -en 资产结构
Vermögensverwaltung   die - 资产管理
Vermögenswert   der -; Pl. die -e 资产价值
Vermutung   die -; Pl. die -en 推测，假定
Vernachlässigung   die - 忽略，疏忽
Vernichtung   die -; Pl. die -en 消灭，覆灭
Vernunft   die -; kein Pl. 常理，理智，情理
Verpackung   die -; Pl. die -en 包装
Verpackungsmaschine   die - 包装机

Verpackungsprozess der -; Pl. die -e	包装流程，包装过程
verpfänden	抵押，典当，按揭
verpflichten	负有责任，使承担义务，使承担责任
Verrechnung die -; Pl. die -en	结算，抵消
Verrechnungsscheck der -	划线支票
verringern	缩小，变小，减低，降低
Versand der -; kein Pl.	寄货，发货，发送
Versandhandel der -; Pl. die Versandhändel	邮购买卖，寄售商店
Versandhaus das -; Pl. die Versandhäuser	邮购公司，寄售商店
Verschiedenheit die -; Pl. die -en	差别，差异，歧异
Versicherung die -; Pl. die -en	保险
Versicherungserklärung die -	保险申明
Versicherungsnehmer/in der -/die -; Pl. die -/die -nen	保险者，保险人
Versicherungspflicht die -; Pl. die -en	保险义务，保险责任
Versicherungsprämie die -; Pl. die -n	保险费

Versicherungsvertrag der -; Pl. die Versicherungsverträge	保险合同
Verschaffung die -; Pl. die -en	取得，获得
Verschiebung die -; Pl. die -en	移位，（时间）延迟
Verschlechterung die -; Pl. die -en	变坏，恶化
Verschmelzung die -; Pl. die -en	融合，合并
Verschuldung die -; Pl. die -en	债务
Verschuldungsgrad der -; Pl. die -e	负债率，财务杠杆率
versichert	被保了险的，保了险的
Versicherte der -/die -; Pl. die -n	投保者，投保人
Versorgung die -; Pl. die -en	供给，供养，照管
Versorgungsbetrieb der -	公用事业
Versprechensempfänger/in der -/die -	受诺人
Versorgungsengpass der -; Pl. die Versorgungsengpässe	供给瓶颈
Versorgungsunternehmen das -; Pl. die -	公用事业
Verstädterung die -; Pl. die -en	城市化，城镇化，都市化
verständigen	通知，告知，沟通，达成一致
Versteigerung die -; Pl. die -en	拍卖，竞卖

Verstoß der -; Pl. die Verstöße	违反，侵犯
Versuchsgruppe die -	试验小组
Verteilungsrechnen das -; kein Pl.	（商业计算中的）按分配原理进行的计算
Verteilungssatz der -	分配原理，分配原则
Verteilungsverhältnis das -	分配比例
vertikal	垂直的，竖着的
Vertrag der -; Pl. die Verträge	合同
vertraglich	合同的
Vertragsbedingung die -; Pl. die -en	合同条款，合同条件
Vertragserfüllungsgarantie die -	履约保函
Vertragsfreiheit die -; Pl. die -	签约自由，契约自由
Vertragshändler/in der -/die -; Pl. die Vertragshändler	代理商，专销商
Vertragsklausel die -; Pl. die -n	条文，条件
Vertragspartner/in der -/die -; Pl. die -/die -nen	合同当事人，签约双方
Vertragspflicht die -; Pl. die -en	责任合约，合同义务

Vertragsregelung	die -	合同条款，合同规定
Vertragsstrafe	die -; Pl. die -n	违约处罚，合同违约罚金，违约责任金
Vertragsverpflichtung	die -; Pl. die -en	合同义务，合同承诺
Vertrauensschutz	der -	信任保护
vertretbar		正当合理的，有理由的
Vertreterprovision	die -	代理手续费，代理佣金
Vertretung	die -; Pl. die -en	代理，代表，代理处
Vertretungsberechtigter	der -/die -; Pl. die Vertretungsberechtigten	授权
Vertrieb	der -; Pl. die -e	推销，销售，分销
Vertriebsabteilung	die -; Pl. die -en	销售部
Vertriebskanal	der -; Pl. die Vertriebskanäle	销售渠道，营销渠道
Vertiebskosten	kein Sg.; nur Pl. die -	销售费用
verunsichern		使不确定，不确定，疑惑
verursachen		导致，造成
Verurteilung	die -; Pl. die -en	判决
Verwahrung	die -; kein Pl.	扣押，保管，保存

Verwalter/in	der -/die -; Pl. die -/die -nen	管理者，管理员，主管
Verwaltung	die -; Pl. die -en	行政，管理，管理处
Verwaltungsabteilung	die -; Pl. die -en	行政部门，管理部门
Verwaltungsgemeinkosten	kein Sg.; nur Pl. die -	一般管理费用
Verwaltungsrecht	das -; Pl. die -e	管理法，行政法
Verweigerung	die -; Pl. die -en	拒绝，回绝
verweisen		移送，申诉，驱逐
verwenden		使用，利用，应用
Verwendung	die -; Pl. die -en	利用，使用，应用
Verwendungszweck	der -; Pl. die –e	用途，使用目的
Verwertung	die -; Pl. die -en	利用，使用
Verwirrung	die -; Pl. die -en	混乱
Verzeichnis	das -; Pl. die -se	清单，目录，索引，细目
Verzehr	der -; kein Pl.	消耗
verzichten		放弃，离弃，抛弃
verzinslich		有利息的，生息的

Verzinsung die -; Pl. die -en	支付利息
Verzug der -; Pl. die Verzüge	延迟，拖延
Vielfalt die -; kein Pl.	多种多样，丰富多彩
Vielzahl die -	大量，很多
vinkulierte Namensaktien	受限制记名股票
Volk das -; Pl. die Völker	人民，民众，国民
Volkseinkommen das -; Pl. die -	国民收入
Volks- und Raiffeisenbank die -; Pl. die -en	大众抵押银行
Volkswirt/in der -/die -; Pl. die -/die -nen	经济学家
Volkswirtschaft die -; Pl. die -en	国民经济
volkswirtschaftlich	国民经济的
volkswirtschaftlich Gesamtrechnung	国民产值，国民收入和生产核算
Vollbeschäftigung die -; Pl. die -en	充分就业
Volljährigkeit die -; Pl. die -en	成年，法定年龄
Vollkosten die -	全部费用
Vollkostenrechnung die -	全成本核算
Vollmacht die -; Pl. die -en	代理权，委托书，授权
vollständig	完整的，完全的
vollstrecken	执行，判决，处罚

Vollstrecker/in	der -/die -; Pl. die -/die -nen	执行者，执行官，执行人
Vollsteckung	die -; Pl. die -en	执行，判决，处罚
Vollziehung	die -; Pl. die -en	强制
Vollzug	der -; Pl. die Vollzüge	执行
Volumen	das -; Pl. die - oder die Volumina	成交量，容积，容量
voraussetzen		以……为先决条件，假定，假设
Voraussetzung	die -; Pl. die -en	前提条件，前提
Vorauswahl	die -; Pl. die -en	预选，事先选择
vorauszahlen		预付
Vorbehalt	der -; Pl. die -e	保留，保留条件
Vorbehaltsgut	das -; Pl. die Vorbehaltsgüter	保留的财产
Vorbeugung	die -	预防
Vordergrund	der -; Pl. Vordergründe	前景，前边
Vorfertigung	die -; Pl. die -en	预先制造
Vorgang	der -; Pl. die Vorgänge	流程，程序，过程，进程
Vorgängermodell	das -	老型号，以前的型号
vorgeben		预先定义好，已经出现

Vorgehensweise die -	做法，程序，行动方式，行为方式
vorhergehend	先前的，以前的
Vorhersehbarkeit die -; Pl. die -en	可预见性
Vorjahr das -; Pl. die -e	上一年，前一年
Vorlage die -; Pl. die -n	样品，范本，原本，提案
Vorlegung die -; Pl. die -en	提交，提示
Vorleistung die -; Pl. die -en	预支，先行支付，前期工作
Vorliebe die -; Pl. die -n	偏好，偏爱，爱好
Vormerkung die -; Pl. die -en	预定
Vormundschaft die -	监护，监护人的职责
Vornahme die -; Pl. die -n	履行，执行
Vorsprung der -; Pl. die Vorsprünge	领先，超过其他
Vorrang der -; kein Pl.	优先权
Vorrat der -; Pl. die Vorräte	存货，库存，储备，储存
Vorrecht das -; Pl. die -e	优先权，特权
Vorrichtung die -; Pl. die -en	装置，设施
Vorschrift die -; Pl. die -en	规章，规定，守则

Vorschub der -; Pl. die Vorschübe	进给，送给
Vorschuss der -; Pl. die Vorschüsse	预付，预支
Vorschusspflicht die -	推进责任
Vorschussweise der -; Pl. die -n	以预付的方式
Vorschusszahlung die -; Pl. die -en	预付，预支
Vorsprung der -; Pl. die Vorsprünge	领先
Vorstand der -; Pl. die Vorstände	领导，领导小组，理事会，董事会
Vorteil der -; Pl. die -e	优点，优势，好处
vorteilhaft	有益的，有利的，合算的
Vorüberlegung die -; Pl. die -en	事先考虑，预先思考
Vorwarnung die -; Pl. die -en	预先警告
vorwärts	向前
vorwegnehmen	事先做
Vorzugsaktie die -; Pl. die -n	优先股
Vorzugsrecht das -	优先权

W

waagerecht	水平的，卧式的
Wachstumsphase die -; Pl. die -n	成长阶段
Wachstumstrend der -; Pl. die -s	成长趋势
Wagniskostenzuschlag der -; Pl. die Wagniskostenzuschläge	冒险费用附加费
Wahl die -; Pl. die -en	选择，选举，投票
Wahlbedarf der -	对选择的需求
Wahlberechtigte der -/die -; Pl. die -n	有选举资格者，选民
Wahlrecht das -; Pl. die -e	选举法，选举权
Wahlschuld die -	选择债
Wahrscheinlichkeit die -; Pl. die -en	概率，可能性，几率
Wahrscheinlichkeitsrechnung die -	概率计算
Wall-Street	华尔街
Walzwerk das -; Pl. die -e	滚轧机
Ware die -; Pl. die -n	货物，商品

Warenart	die -	商品种类，货物种类
Warengruppe	die -	商品分类，商品分组
Warenhaus	das -; Pl. die Warenhäuser	百货公司
Warenkorb	der -; Pl. die Warenkörbe	购物筐，购物篮
Warenkredit	der -; Pl. die -e	贸易信贷，商品抵押贷款
Warenmarkt	der -; Pl. die Warenmärkte	商品市场
Warnstreik	der -; Pl. die -s	警告性罢工
Wartefrist	die -; Pl. die -en	等待期
Warteliste	die -; Pl. die -en	等候者名单，排队者名单
Währungsgebiet	das -; Pl. die -e	货币区域
Währungsparität	die -; Pl. die -en	货币平价，外汇平价
Währungsrechnen	das -	汇率计算
Währungsunion	die -; Pl. die -en	货币联盟，货币同盟
Wechsel	der -; Pl. die -	期票，票据，汇票，转变，改变
Wechselkurs	der -; Pl. die -e	汇兑率，汇价，汇率
Wechselwirkung	die -; Pl. die -en	相互作用

wegfallen	废除，略去，取消
Wegnahmerecht das -	取走权
Wegstrecke die -; Pl. die -n	路径，路段，里程
Weiterempfehlung die -; Pl. die -en	继续推荐
Weiterentwicklung die -	继续发展
weiterhin	此外，将来，今后，往后
weiterverkaufen	转售，转手卖出
Weltbank die -; Pl. die -en	世界银行
Weltmarkt der -; Pl. die Weltmärkte	国际市场，世界市场
Weltwirtschaft die -; Pl. die -en	世界经济，环球经济，国际经济
werben	推广，招揽
Werbeträger/in der -/die -; Pl. die -/die -nen	广告代言人，广告载体
Werbung die -; Pl. die -en	广告，宣传，促销
Werbungskosten kein Sg.; nur Pl. die -	广告费，宣传费
Werkstatt der -; Pl. die Werkstätten	车间，作坊，维修厂
Werkstattfertigung die -	车间生产
Werkstattleiter/in der -/die -; Pl. die -/die -nen	

W

车间主任

Werkstück das -; Pl. die -e	工件，制件
Wert der -; Pl. die -e	价值，比值，数值，度数，指数
Wertangabe die -; Pl. die -n	申报价值
Wertaufbewahrung die -; Pl. die -en	价值保值
Wertbewegung die -; Pl. die -en	价值运动
Wertminderung die -; Pl. die -en	贬值，价值变少
Wertpapier das -; Pl. die -e	有价证券，票据，证券
Wertpapieranalyst/in der -/die -; Pl. die -en/die -nen	证券分析师
Wertpapierbörse die -; Pl. die -n	证券交易所
Wertpapiergeschäft das -; Pl. die -e	证券业务，有价证券交易
Wertpapierhandelsgesetz das -	有价证券交易法
Wertpapiermanagement das -	证券管理
Wertsache die -; Pl. die -n	贵重物品
Wertschätzung die -; Pl. die -en	崇敬
Wertschöpfung die -; Pl. die -en	创造价值
Wertverlust der -; Pl. die -e	贬值，价值降低
Wertverzehr der -; kein Pl.	价值消耗
Wertvorstellungen Pl. die -	价值观念，价值观

Wertzuwachs der -; Pl. die Wertzuwächse	增值，价值增加
Wettbewerb der -; Pl. die -e	竞争，竞赛，比赛
Wettbewerber/in der -/die -; Pl. die -/die -nen	竞争者
Wettbewerbsbedingung die -; Pl. die -en	竞争条件
Wettbewerbsbeschränkung die -; Pl. die -en	竞争限制，竞争受限
Wettbewerbsfähigkeit die -; Pl. die -en	竞争能力
Wettbewerbsintensität die -; Pl. die -en	竞争强度
Wettbewerbsnachteil der -; Pl. die -e	竞争劣势
Wettbewerbspolitik die -; Pl. die -en	竞争政策
Wettbewerbsstrategie die -; Pl. die -n	竞争策略
Widerruf der -; Pl die -e	撤销，废除，收回
widerruflich	可撤销的
Widerrufsrecht das -; Pl. die -e	撤销权
Widerspruch der -; Pl. die Widersprüche	异议，抗诉，申诉，不一致
Widerspruchsfrist die -	异议期限，抗议期限，申诉期限
Widrigkeit die -; Pl. die -en	对抗性
Wiederbeschaffung die -; Pl. die -en	

W

		重新置办，重新购置
Wiederbeschaffungskosten	kein Sg.; nur Pl. die -	
		重置费，重新置办
wiedererkennen		认得，再次认识
Wiederherstellung	die -; Pl. die -en	恢复，修复
Wiederkauf	der -; Pl. die Wiederkäufe	重新购买
Wiederverwendung	die -; Pl. die -en	
		再利用，再进行使用
Willkür	die -; kein Pl.	专横，专断，专权
Wirkung	die -; Pl. die -en	
		效果，作用，成效，影响
wirksam		有效的，起作用的
wirtschaftlich		经济的，财政的，节约的，合算的
Wirtschaftsjahr	das -; Pl. die -e	
		经营年度，会计年度
Wirtschaftskraft	die -; Pl. die Wirtschaftskräfte	
		经济实力，经济能力
Wirtschaftskreislauf	der -	经济循环
Wirtschaftskrise	die -; Pl. die -n	经济危机
Wirtschaftsplan	der -	经济计划
Wirtschaftspolitik	die -; Pl. die -en	经济政策
Wirtschaftsprüfer/in	der -/die -; Pl. die -/die -nen	

会计师，注册会计师
Wirtschaftsrecht   das -; Pl. die -e   经济法
Wirtschaftssektor   der -   产业
Wirtschaftssubjekt   das -; Pl. die -e   经济主体
Wirtschaftswachstum   das -   经济增长，经济发展
Wirtschaftswissenschaftler/in   der -/die -; Pl. die -/die -nen   经济学家
Wirtschaftszweig   der -   行业，经济部门
WMS = Warenhaus Management System
货物管理系统
Wochenmarkt   der -; Pl. die Wochenmärkte
每周一次或两次的集市
Wohlfahrt   die -; Pl. die -en   福利，社会救济
Wohlstand   der -; kein Pl.
兴旺，富裕，满意的生活水准
Wohltätigkeit   die -; Pl. die -en   贫民救济，做善事
Wohngebäudeversicherung   die -   住宅楼保险
Wohngebiet   das -; Pl. die -e   居住区，居民区
Wohngeld   das -; Pl. die -er
房租补贴，住房补贴，住房津贴
Wohnraumvermittlung   die -   房屋中介
Wohnrecht   das -; Pl. die -e   住宅权，居住权

Wohnsitz	der -; Pl. die -e	住址，住所
Wohnungsmarkt	der -; Pl. die Wohnungsmärkte	楼市，房市，住房市场
Wohnungswesen	das -; kein Pl.	住房业
WTO = Welthandelsorganisation	die -; Pl. die -en	世界贸易组织

X

x		第一未知数，无数的，许多的
X das -; Pl. die -		某人，罗马数字的 10
X - Achse die -		X–轴，横坐标轴
x - beliebig		任何的，随便的
X - Einheit die -		X 单位
Xenokratie die -; Pl. die –n		外国统治
x-fach		多倍的，很多倍数的
x-mal		很多次地，经常地

Xshell

  安全终端模拟软件，可用于在 Windows 界面下访问远端不同系统的服务器

XREF = Cross Reference

  文件之间的交叉参考或交叉引用

Y

Yuan   der -; Pl. die -s oder die -   （人民币）元

Z

zahlen	支付，付款
Zahlenverhältnis das -; Pl. die -se	对比
Zahlkarte die -; Pl. die -n	存单
zahllos	无数的，很多数量的

Zahlungsanweisung   die -; Pl. die -en
 汇票，支付凭证，付款凭单

Zahlungsaufschub   der -　　延期支付，延期清偿

Zahlungsbedingungen   Pl. die -
 支付条件，付款条件，支付规定

Zahlungsbemessungsfunktion   die -; Pl. die -en
 支付额定功能，对支付进行测量的功能

Zahlungsbilanz   die -; Pl. die -en
 国际收支，国际收支平衡表

Zahlungsempfänger/in   der -/die -; Pl. die -/die -nen 接受付款者

Zahlungsklausel   die -; Pl. die -n　　　　付款条款

Zahlungsmittel	das -; Pl. die -	支付手段，流通手段
Zahlungsmoral	die -; Pl. die -en	支付公德，支付道德
Zahlungsort	der -; Pl. die -e	支付地点，付款地点
Zahlungsunfähigkeit	die -; Pl. die -en	破产，无偿付能力，无力偿还
Zahlungsverkehr	der -; kein Pl.	付款，支付往来
Zahlungsverpflichtung	die -; Pl. die -en	偿付义务，支付责任
Zahlungsverzug	der -; Pl. die Zahlungsverzüge	延缓支付，延缓付款
Zahlungsziel	das -; Pl. die -e	付款期限
Zeitablauf	der -; Pl. die Zeitabläufe	时间流逝
Zeitabschnitt	der -; Pl. die -e	阶段，时期，年代，期间
Zeitlohn	der -; Pl. die Zeitlöhne	计时工资
Zeitpunkt	der -; Pl. die -e	时刻，时点，时候
Zeitraum	der -; Pl. die Zeiträume	时期，时间段，时间
Zeitüberbrückung	die -	时间过渡

Zeitwert der -; Pl. die -e	时间价值
Zertifizierung die -; Pl. die -en	认证，证明
Zession die -; Pl. die -en	转让债权
Ziel das -; Pl. die -e	目标，目的，标的，终点，宗旨
Zielgruppe die -; Pl. die -n	目标群
Zielverkaufspreis der -; Pl. die -e	目标售价
Zielvorstellung die -; Pl. die -en	目的
Zins der -; Pl. -en	利息，息金，利率
Zinsenanfall der -; Pl. die Zinsenanfälle	利息扣押
Zinseszins der -; Pl. die -en	复利（息），利滚利
Zinsergebnis das -; Pl. die -se	利息收入
Zinserhöhung die -; Pl. die -en	提高利率
Zinsertrag der -; Pl. die Zinserträge	利息收入
zinsfrei	免税的，无息的
Zinsfuß der -; Pl. die Zinsfüße	利率
Zinslast die -	利息负担
Zinsliberalisierung die -; Pl. die -en	利率市场化
zinslos	免税的，无息的
Zinssatz der -; Pl. die Zinssätze	利率
Zinsschein der -; Pl. die -e	息票，利息凭证

Zinszahlung die -; Pl. die -en	支付利息，付息，息金
Zivilprozessordnung die -; Pl. die -en	民事诉讼法
Zivilrecht das -; Pl. die -	民法
Zoll der -; Pl. die Zölle	海关，关税
Zoll der -; Pl. die -	寸，英寸
Zollformalitäten die -	海关手续
Zollpolitik die -; kein Pl.	关税政策
Zufluss der -; Pl. die Zuflüsse	（指资金）流入
zufolge	据，根据
Zuführung die -; Pl. die -en	供给，供应，供电
Zugang der -; Pl. die Zugänge	收入
Zugewinn der -; Pl. die -e	净益，净利
Zugewinnausgleich der -	净益结算
Zugewinngemeinschaft die -; Pl. die -en	净益共同关系
Zugriff der -	访问，抓取，抓住，存取
zugunsten	有利于
zukünftig	未来的，将来的
Zulage die -; Pl. die -n	补贴，津贴，补贴费
zulegen	增加

Zulieferbetrieb der -	配件供应企业
Zulieferer/in der -/die -; Pl. die Zulieferer	供应商，供给厂，配件供应人
Zulieferindustrie die -; Pl. die -n	配件供应业，配件工业
zumeist	大多，大都
Zunahme die -; Pl. die -n	增加，增长，增多
zunehmen	增加，增长，增多
Zuordnung die -; Pl. die -en	归类，列入，分配给
zurechenbar	可归因的
zurechnen	归属，归责
Zurückbehaltungsrecht das -; Pl. die -e	留置权
zurückerstatten	偿还，退还，付还
zurückgeben	归还，退还，退回
zurückholen	取回，还回
zurücklegen	储备，储藏，积蓄
zurückschicken	退回，寄回
zurücktauschen	换回
Zurückweisung die -; Pl. die -en	驳回
zurückzahlen	偿债，偿还，退回，还清
Zusammenballung die -; Pl. die -en	凝集，凝聚

zusammenfassen	崩塌，倒塌，同时发生
Zusammenhang der -; Pl. die Zusammenhänge	
	关系，联系，关联，背景
Zusammenschluss der -	合并，联合，社团，团结
Zusammenspiel das -; Pl. die -e	配合，和谐，合奏
Zusammentreffen das -; Pl. die -	
	同时发生，巧合，碰到
zusammenwirken	配合，协作，协同
Zusatzbeitrag der -; Pl. die Zusatzbeiträge	
	附加费用
Zusatzgewinn der -	附加盈利
Zusatzkosten kein Sg.; nur Pl. die -	
	附加费用，外加费用
zusätzlich	附加的，额外的，追加的，补充的
Zuschlag der -; Pl. die Zuschläge	
	附加费，附加税，中标
Zustandekommen das -; kein Pl.	成立
Zuständigkeit die -; Pl. die -en	主管，管辖权
Zustimmung die -; Pl. die -en	
	准予，批准，同意，肯定
Zustellkosten kein Sg.; nur Pl. die -	

投递费用，送达费用

Zustimmungsrecht das - 表决法

Zuwachs der -; Pl. die Zuwächse

增幅，增长，增加，增加量

Zuweisung die -; Pl. die -en 分配

Zuzahlung die -; Pl. die -en 另付费，加付费

zwangsläufig 必然的，势必的

Zwangsräumung die -; Pl. die -en

赶出，强迫出去，强制搬迁

Zweck der -; Pl. die -e 用途，用处，目的，意图

Zweckaufwand der -; Pl. die Zweckaufwände

具有一定目的所支出的费用

zweckgebunden 专用的，专项的

Zweckverband der -; Pl. die Zweckverbände

为完成某种共同任务而临时组成的协作组织

Zweig der -; Pl. die -e

分支，支系，部门，分部，分会

Zweigniederlassung die -; Pl. die -en

分行，营业所，分店，分支机构

Zweigstelle die -; Pl. die -n

分支，分店，支行，分行

Zwischenbilanzen	die -
	一段时间中所做的资产负债表
Zwischenergebnis	das -; Pl. die -se
	中间结果，中期效果，阶段性成果
Zwischenerzeugnis	das -; Pl. die -se　　半成品
Zwischenhändler/in	der -/die -; Pl. die -/die -nen
	中间商